SANANDO
tu alma herida

Cómo pasar del dolor a la paz

✤ ✤ ✤

Padre Joshua Makoul

ANCIENT FAITH PUBLISHING ✤ CHESTERTON, INDIANA

Foto de la portada: © Joshua Hibbert
Traducido por Jorge Ostos
Editado por Michelle Lozano-Persons

Publicado por:
  Ancient Faith Publishing
  (una división de Ancient Faith Ministries)
  1050 Broadway, Suite 6
  Chesterton, IN 46304

Publicado en inglés como *Healing Your Wounded Soul: Growing from Pain to Peace*.
©2020 Joshua Makoul.

Ancient Faith Publishing
(una división de Ancient Faith Ministries)
1050 Broadway, Suite 6
Chesterton, IN 46304

ISBN: 978-1-955890-55-7

Foto de portada de Joshua Hibbert en Unsplash

A mi madre, que me enseñó a amar,
y a mi padre, que me enseñó a perdonar,
y que las personas pueden cambiar si permanecemos
lo suficientemente cerca para verlo.

✛   ✛   ✛

Un profundo agradecimiento, que las palabras no
alcanzan a expresar,
a Tammy, Marina y Anna
y a mi padre espiritual, que prefirió permanecer en el anonimato.

✛   ✛   ✛

Índice

Prólogo

L A TRADICIÓN ESPIRITUAL DE LA Iglesia ortodoxa es un tesoro de lo que los Santos Padres describieron como la «ciencia del alma». Si hablamos en términos contemporáneos, el científico es aquel que pone a prueba una hipótesis bien investigada mediante la experimentación práctica para descubrir los mecanismos por los que funciona el mundo que le rodea. La persona humana es alma y cuerpo, espiritual y físico, y el científico del alma debe navegar por la compleja interrelación de pensamientos, recuerdos, experiencias, traumas, alegrías y penas para llegar hábilmente a Dios y al prójimo de forma amorosa y saludable. El padre Joshua Makoul, párroco de nuestra catedral de San Jorge en Pittsburgh, Pensilvania, ha pasado muchos años como consejero autorizado y clérigo cristiano ortodoxo estudiando y practicando esta ciencia tan importante.

En su obra *Sanando tu alma herida: cómo pasar del dolor a la paz*, el padre Joshua se propone ayudar a sus lectores a dar pasos prácticos para seguir la admonición de san Antonio el Grande (que cita en el primer capítulo): «El que se conoce a sí mismo, conoce a Dios: y quien conoce a Dios es digno de adorarle como es debido. Por eso, amados míos en el Señor, conózcanse a sí mismos». El padre Joshua plantea que los traumas y las heridas de nuestras experiencias pasadas pueden servir como escollos en nuestra lucha ascética por alcanzar la imagen y semejanza de Dios y realizar nuestro llamado a la *theosis*: nuestra purificación, santificación e iluminación. Explica con una prosa fácil de entender muchos términos y conceptos tomados de su estudio de la psicología humana para describir las formas en que las relaciones de las personas con Dios y el prójimo se ven obstaculizadas por su pasado. Sin embargo, en lugar de ofrecer un consejo puramente secular, el padre Joshua se basa en la tradición espiritual ascética para ofrecer un camino cristiano ortodoxo hacia la paz y la sanación.

Muchos de nuestros fieles han encontrado que la sabiduría del P. Joshua, difundida a través de varias conferencias y pódcast, es útil para su crecimiento espiritual, y me complace recomendar este libro a un público aún más amplio. Esta obra será una herramienta maravillosa para todos los que trabajan por su salvación, así como para nuestros clérigos que sirven como padres espirituales.

Pido que nuestro Señor y Salvador, Jesucristo, el Gran Médico tanto de nuestras almas como de nuestros cuerpos, utilice esta obra para ayudar a muchos en sus viajes del dolor a la paz y a la salvación de sus almas.

+JOSÉ
Arzobispo de Nueva York y Metropolitano
de toda Norteamérica (2014-2022)
Arquidiócesis Cristiana Ortodoxa Antioquena

La vigilancia, el autoconocimiento y el discernimiento son las guías del alma.

—ABBA POEMEN

Introducción

E L PROPÓSITO DE ESTE LIBRO es abordar un área de nuestra vida espiritual que a menudo se pasa por alto: a saber, cómo las experiencias dolorosas o traumáticas del pasado pueden estar afectándonos y obstaculizando nuestro crecimiento espiritual. Se espera que este libro ayude a profundizar en nuestra autocomprensión* y autoconciencia, de modo que podamos utilizar estas herramientas para lograr un mayor crecimiento espiritual, aprender la mejor manera de soportar el sufrimiento y llevar una vida más agradable a Dios. Los procesos y actividades que se describen en este libro están pensados para ser aplicados en el contexto de nuestra propia theosis† y para sanar el daño causado por la caída de otros.

---

* Nota del editor: *Insight*. A lo largo del libro, se ha traducido este término como 'autocomprensión' en la mayoría de los casos. En el ámbito de la psicología, *El diccionario de la Asociación Estadounidense de Psicología* lo define como un discernimiento claro y muchas veces repentino de una solución para un problema o una conciencia de fuentes subyacentes de respuestas y dificultades emocionales, cognitivas o de comportamiento en uno mismo o en otras personas. No se debe entender como únicamente comprensiones sobre uno mismo. En algunas instancias, se traduce como 'perspicacia', 'comprensión' o 'reflexión'.

† Proceso de purificación, santificación e iluminación

No es el propósito de este libro presentar este proceso como obligatorio para todos. Nuestra respuesta a los acontecimientos ocurridos en nuestra vida es un asunto personal, entre nosotros y Dios. Hasta dónde debemos llegar en la resolución de los acontecimientos dolorosos o traumáticos de nuestra vida es también una cuestión personal. Algunos de nosotros podemos estar contentos con el estado actual de nuestra vida espiritual, inclinados a no agitar el agua, por así decirlo, cavando más profundo y abordando las heridas de los eventos negativos del pasado que nos están paralizando espiritualmente. Nadie debe juzgar a otro por cómo afronta las experiencias pasadas. Para muchos, la tan usada frase «Dejemos las cosas como están» funciona muy bien.

Sin embargo, para algunos de nosotros, por mucho que intentemos poner en práctica esa frase, hay señales continuas y omnipresentes de que algo va mal. Tal vez nos persigue un sentimiento persistente de pérdida o experiencias interpersonales negativas repetitivas que dan lugar a relaciones conflictivas o fallidas. Tal vez nos sintamos siempre al límite, o nos veamos incapaces de permanecer en el momento presente, confiar y sentirnos cómodos cuando la vida va bien. Tal vez nos cueste aceptar el amor de Dios y de los demás, o nos encontramos reaccionando ante alguien en el presente como si fuera una persona diferente del pasado.

Para aquellos de nosotros que podemos identificarnos con estos ejemplos, es una verdadera bendición y una oportunidad de gracia cuando nos damos cuenta de que no podemos seguir así, y esa comprensión va acompañada de un intenso deseo de cambio. Para esos momentos se ha escrito este libro. Estas páginas se ofrecen como una guía para aquellos que desean sumergirse en lo más profundo de su ser, para emprender un viaje introspectivo que les revelará muchas reflexiones a lo largo del camino. Este viaje, con Dios y su gracia como compañeros, tiene como objetivo final la sanación, en forma de resolución que conduce al crecimiento espiritual y a la unión con Dios. A medida que sigamos el camino de este proceso, aprenderemos a desarmar y eliminar los obstáculos emocionales que han frenado nuestro crecimiento espiritual: experiencias vitales que nos han infligido dolor, pérdida, confusión y miedo, que nos hacen sentirnos atascados en el pasado, en un tiempo y lugar doloroso, o que nos llevan a ver el presente y el futuro a través de la lente del pasado. Cuando logremos liberarnos de nuestro pasado, podremos encontrar más alegría en la vida, ver y sentir el amor de Dios y disfrutar de la paz que viene con la gratitud.

Este proceso es una búsqueda de toda la vida. Requiere un esfuerzo continuo y persistente, pero persistimos porque deseamos firmemente el fruto de este trabajo: la paz de Cristo. Esta paz puede ser esquiva y difícil de mantener en este mundo caído. Preservar esta paz en nuestros corazones requiere un esfuerzo y una vigilancia continuos. Es un trabajo difícil, pero se hace más fácil cuando eliminamos las interferencias y las distracciones que emanan de experiencias pasadas no resueltas. De hecho, este trabajo forma parte de nuestra ascesis o labor y lucha espiritual. Es realmente parte de nuestra vida ascética; implica la abnegación en el sentido de que debemos mirar objetivamente hacia dentro y estar preparados para aceptar verdades difíciles, verdades que, una vez aceptadas y abrazadas, revelan el camino para salir de nuestra parálisis espiritual.

Por desgracia, a menudo tememos lo desconocido. A veces nos alarmamos al encontrarnos con cualquier tema relacionado con la psicología actual. La psicología se percibe a menudo como secular y como la religión del culto a uno mismo. En algunas prácticas y campos de la psicología, tales acusaciones son realmente válidas. Sin embargo, considerar todas las aplicaciones y conocimientos que se han obtenido del campo de la psicología bajo estas categorías sería realmente trágico. Como resultado de la ciencia social moderna, nos hemos vuelto más conscientes de cómo ciertas experiencias afectan a las personas y, como resultado de esto, podemos ver claramente cómo las heridas emocionales no resueltas pueden actuar bloqueando nuestro crecimiento espiritual. Al aprender más sobre cómo responden las personas a sus experiencias vitales, podemos ser más eficaces a la hora de proporcionar medicina espiritual para la sanación.

¿No le agradaría a Dios que nos comprometiéramos en un proceso que nos permita continuar con mayor eficacia y éxito nuestro camino hacia la theosis, la meta de todo cristiano ortodoxo: llegar a ser por gracia lo que Dios es por naturaleza? A pesar de esta verdad innegable, hay quienes temen que abordar los problemas del pasado traiga consigo alguna desgracia espiritual. Sin embargo, al seguir un enfoque tan estrecho, se corre el riesgo de quedarse espiritualmente atascado, atrapado bajo la sombra del miedo y la pérdida.

La realidad es que, aunque es prudente ser cauteloso, no hay que rechazar todos los conceptos y conocimientos que ofrece la terapia actual. Es necesario un equilibrio, estar abierto, pero al mismo tiempo discernir. Hay que discernir entre lo que nos acercará a Dios, para poder amar mejor al prójimo, y lo que puede alejarnos de Dios y hacer que nos volvamos más introvertidos e individualistas. Un cristiano ortodoxo maduro, o con un padre espiritual que le ayude en el camino, puede discernir fácilmente lo que le ayudará a sanar y a crecer espiritualmente y lo que le alejará de esos objetivos. Este libro ofrece un camino hacia una sana unión con Dios, utilizando conceptos de nuestra antigua fe, junto con prácticas modernas de consejería, con el fin de abrir un camino para salir de nuestra parálisis espiritual.

Este no es un libro sobre psicología, sino sobre lo que Evagrio el Solitario llamó la «ciencia del alma». Muchos de los conceptos y prácticas que enseña la psicología fueron concebidos hace mucho tiempo por los Padres del Desierto. Los Padres del Desierto no evitaron la introspección, sino todo lo contrario. Uno de los propósitos de su viaje al desierto era dedicarse a la oración y a la introspección de forma más completa y sin la distracción del mundo. Los Padres del Desierto no evitaban lo que había en su interior, siempre y cuando les condujera a un crecimiento espiritual y acelerara su camino hacia la theosis.

San Isaac de Siria escribió: «Entra con avidez en la casa del tesoro que está dentro de ti, y verás las cosas que están en el cielo, pues hay una sola entrada para ambas. La escalera que conduce al Reino está escondida dentro de tu alma. Huye del pecado, sumérgete en ti mismo, y en tu alma descubrirás la escalera por la cual ascender».* Nos habla a cada uno de nosotros. San Isaac nos invita a iniciar el viaje en lo más profundo de nuestro ser, que iniciará una transformación que, en última instancia, nos beneficiará a nosotros mismos y a los demás.

Al comenzar este viaje a «la casa del tesoro que está dentro de nosotros», veremos lo bueno y lo malo, lo positivo y lo negativo, pero tenemos que enfrentarnos a todas estas partes de nosotros mismos si queremos «descubrir la escalera por la cual ascender». Los tesoros de esa casa del tesoro —la paz interior, la luz, la gracia, la esperanza, el conocimiento y la fuerza— son más preciosos que el oro. Las herramientas que utilizamos para extraer estos tesoros son la autocomprensión y la autoconciencia, combinadas con un anhelo de resolución y paz.

---

* A.J. Wensinck, *Mystic Treatises* (Wiesbaden: M. Sändig, 1969), 8.

CAPÍTULO 1

El poder sanador de la autocomprensión

V IVIMOS EN UN MUNDO CAÍDO, y como resultado tenemos experiencias que hieren y llevan a la decepción. A veces sufrimos a causa de la naturaleza caída de otra persona, y en otras ocasiones, los demás sufren a causa de la nuestra. Cuando hablamos de sanación en este libro, ¿de qué tipo de sanación estamos hablando y de qué tipo de experiencias exactamente? La sanación, para nuestros propósitos, significa sobreponerse a una experiencia dolorosa del pasado, resolviéndola de manera que ya no perturbe el presente. Resolver una experiencia dolorosa significa que adquirimos un sentido de dominio sobre ella al comprenderla, hacer el duelo, resolver cualquier confusión asociada a esta, y corregir cualquier significado atribuido incorrectamente a la experiencia. También significa asimilar la experiencia en nuestra vida de tal manera que no solo no obstaculice nuestro crecimiento espiritual, sino que posiblemente lo acelere.

Experiencias que pueden obstaculizar nuestra vida espiritual

NADIE PUEDE EVITAR EXPERIMENTAR EL dolor y la decepción normales que forman parte de la vida en este mundo. Por lo general, estas experiencias comunes no producen heridas espirituales o emocionales duraderas o debilitantes. Las heridas que abordamos en este libro provienen de experiencias que tuvieron un efecto profundo y adverso en nosotros; que causaron un cambio fundamental negativo en nuestras creencias y nuestra percepción del mundo, de Dios, de nosotros mismos y de los demás; y que resultaron en una profunda pérdida de las percepciones y creencias saludables sobre nosotros mismos, los demás y Dios que necesitamos para crecer, desarrollarnos y madurar espiritualmente. Estas son experiencias que nos llevaron a desarrollar creencias y percepciones espiritualmente dañinas que detienen nuestro crecimiento espiritual y resultan en mucho daño y lucha adicional.

Al hablar de heridas, nos referimos a los efectos nocivos que tiene en nosotros una experiencia emocionalmente dolorosa que nos dificulta vivir como Dios quiere que vivamos. Por ejemplo, uno puede empezar la vida con una mentalidad general en la que se le da a los demás el beneficio de la duda, se les considera en su mayoría bien intencionados y se puede confiar en ellos. Muchas personas que han sufrido un acontecimiento doloroso o traumático en el contexto de una relación clave, especialmente en sus primeros años, pierden esa mentalidad. En su lugar, desarrollan una desconfianza generalizada hacia los demás, una postura defensiva hacia los demás en la que se ponen en guardia y viven en una anticipación crónica de ser heridos.

En este ejemplo, se ha producido una profunda pérdida. Está claro cómo la mentalidad negativa que se desarrolla después de la experiencia adversa puede frenar el crecimiento espiritual de uno.

¿Cómo podemos perseguir el gran mandamiento de amar a nuestro prójimo como a nosotros mismos y recibir amor de los demás cuando existimos con esta mentalidad defensiva y negativa? Algunos dicen que simplemente tenemos que vivir con la conciencia de que este es un mundo caído, ajustar nuestras expectativas en consecuencia, y cuando suceden eventos significativamente negativos, simplemente cargar con nuestra cruz y seguir adelante. Para aquellos que son capaces de funcionar de esa manera, está bien. Para muchos, no es tan fácil.

El recuerdo de personas, lugares y acontecimientos desempeña un papel fundamental en nuestras vidas. Es un proceso y una actividad que tiene lugar constantemente en nuestra mente y en la Iglesia. El significado de nuestras experiencias tiene mucho que ver con la forma en que recordamos los acontecimientos. Tenemos algo que se llama memoria emocional, que se forma cuando asociamos emociones fuertes con ciertas experiencias, recuerdos y lugares del pasado. Recordamos una experiencia no solo en forma de imágenes, sino también en forma de emociones. Los recuerdos no solo vienen a nuestra memoria, sino que los sentimos. Es natural que cuando asociamos emociones positivas con un lugar o una persona, agradezcamos las oportunidades de volver a conectarnos con esas personas o lugares o a visitarlos. Pero ¿qué pasaría si experimentáramos y asociáramos poderosas emociones negativas con una determinada persona o lugar?

Cargar la cruz es un proceso, y especialmente cuando estamos cargados de recuerdos emocionales dolorosos, es algo con lo que a veces luchamos. El trabajo de resolver las experiencias pasadas que nos han herido forma parte del proceso de llevar nuestra cruz, y puede ayudarnos a hacerlo de forma más eficaz y agradable a Dios. Muchos de nosotros nos sentimos confundidos cuando no somos capaces de simplemente superar un acontecimiento negativo importante en nuestra vida. Para empeorar las cosas, a menudo sentimos vergüenza y nos criticamos a nosotros mismos por luchar para superar algo que sucedió. Empezamos a ver nuestra incapacidad para seguir adelante como una debilidad, y pasamos mucho tiempo cuestionándonos qué nos pasa. Peor aún, muchos de nosotros tenemos la creencia de que, si pasamos tiempo abordando una experiencia, de alguna manera estamos quedándonos estancados sintiendo lástima de nosotros mismos. Algunos de nosotros podemos incluso mencionar en la confesión que nos cuesta descartar lo ocurrido, como si fuera un pecado tener sentimientos al respecto. Tendemos a creer que si reconocemos o aceptamos nuestros sentimientos, de alguna manera, estamos siendo egocéntricos.

Cuando adoptamos esta actitud, nos afligimos con la vergüenza y agravamos nuestro sufrimiento al sentirnos frustrados con nosotros mismos. Ciertamente, hay experiencias vitales en las que no debemos detenernos demasiado tiempo pensando o procesando. En efecto, hay situaciones en las que es prudente seguir adelante. Sin embargo, hay una diferencia entre la autocompasión y trabajar activamente para abordar algo que ocurrió para superarlo y tal vez incluso crecer a partir de ello. Tenemos que discernir cuándo es apropiado dejarlo y seguir adelante y cuándo tenemos que acoger algo que ocurrió y abordarlo. El trabajo que se aborda en este libro no implica la autocompasión. Se sumerge en el pasado solo en la medida en que pueda resolver el presente y no obstaculice nuestro crecimiento espiritual. Nos comprometemos con una labor y un trabajo continuos precisamente para poder superar lo que ocurrió en el pasado.

Entonces, ¿cuál es la línea divisoria entre estos dos tipos de experiencias, las que es rentable volver a visitar y las que no? Será diferente para cada uno de nosotros, dependiendo de nuestra familia de origen, nuestra educación y nuestras experiencias. Puede que yo tenga una experiencia que sea mejor dejar atrás sin pensar mucho en ella. No obstante, esa misma experiencia para ti puede requerir más procesamiento y exploración porque tu reacción a ella indica que algo anda mal o que hay algo más de fondo. Puede que haya algo en forma de trabajo no resuelto, suscitado por una experiencia pasada que seguirá repitiéndose si no le dedicamos, en algún momento, tiempo y trabajo. Cuando nos cuesta dejar atrás una determinada interacción, un suceso o un comentario que alguien hizo, suele haber una razón. Sin duda, a veces esto se debe simplemente al orgullo o a algún otro aspecto más común de nuestro estado caído. Sin embargo, esa reacción puede ser la evidencia de una experiencia pasada importante que no se ha resuelto y que seguirá filtrándose en el presente hasta que la hayamos resuelto.

Las experiencias que pueden requerir más atención y enfoque incluyen el abuso, ya sea verbal, emocional o sexual; la muerte inesperada de seres queridos; accidentes graves; el divorcio; los entornos laborales tóxicos; la violencia o los conflictos domésticos; la pérdida de una vida hogareña normal o segura; tener una relación llena de conflictos con uno de los padres; crecer con un padre que luchó contra la adicción o la enfermedad mental; y ser víctima de un delito. En estas experiencias hay temas subyacentes de pérdida, impotencia y traición. Estas experiencias dolorosas o traumáticas pueden adoptar la forma de un acontecimiento único y agudo o pueden consistir en una serie de acontecimientos a lo largo del tiempo.

A menudo, los acontecimientos y experiencias que más nos afectan son los que tienen lugar en las relaciones de las que más dependemos. El escritor Tian Dayton se refiere a la traición que se produce en las relaciones como «trauma relacional». Es cuando una persona en la que confiamos deja de cumplir su papel básico en la relación, como en el caso de un padre que no cuida y protege a su hijo. La pérdida y la traición inherentes al trauma relacional tienen efectos duraderos en las relaciones posteriores.

Aunque no todas las experiencias traumáticas dan lugar a lo que se denomina trastorno de estrés postraumático (TEPT), a menudo dan lugar a síntomas de estrés postraumático, que se producen cuando alguien experimenta una reacción normal a un acontecimiento anormal. Tian Dayton define el TEPT como una reacción de estrés postraumático en la que el dolor de un momento anterior de la vida reaparece días, meses o incluso años después del hecho. Se revive, se recrea o se reexperimenta en la vida actual a través de la proyección, la dinámica de reexperimentación y las transferencias.

A estas experiencias les sigue una lucha en la que intentamos comprender y dar sentido a lo ocurrido, tanto a nivel consciente como inconsciente. Cuando intentamos sanar estas experiencias, nuestra mente tiene una necesidad natural de obtener una sensación de dominio sobre ellas, y no seguirá adelante hasta que lo haya hecho. Si pasamos demasiado tiempo sin encontrar este cierre, podemos vendar la herida de formas poco saludables que conducen a más heridas en el futuro, y que obstruyen y dificultan nuestra theosis.

Para obtener una sensación de dominio sobre un acontecimiento y resolver nuestros sentimientos conflictivos relacionados con él, debemos abordar cualquier emoción persistente. Cualquier emoción ligada al evento que no sea liberada y abordada permanecerá hasta que sea resuelta. Si no sanamos, resolvemos y desarrollamos adecuadamente el dominio sobre el acontecimiento, podemos tratar de calmar la herida de una manera que nos hace sentir como si el acontecimiento pasado nunca hubiera terminado realmente. Esto puede dar lugar a comportamientos que acaban creando más daño en el presente.

A veces podemos intentar navegar por nuestra vida en este mundo sin buscar la comprensión de por qué están ocurriendo las luchas en nuestra vida y relaciones. Podemos optar por centrarnos en otros aspectos de nuestra espiritualidad con mayor devoción, en un intento de compensar una determinada área de deficiencia o debilidad que nos está afectando negativamente a nosotros o a los demás que hacen parte de nuestra vida. Aunque no cabe duda de que este enfoque parece conveniente, a menudo nos lleva a estancarnos espiritualmente y a que nuestra propia theosis se atrofie. Podemos pensar que hemos tomado un camino espiritual más conveniente, cuando en realidad hemos tomado un atajo que, en última instancia, nos hará volver a esa área de trabajo para reanudar nuestro crecimiento espiritual. Además de esto, si encontramos que este trabajo es un inconveniente, y al contemplar nuestras deficiencias, elegimos mirar hacia otro lado y persistir en la conveniente creencia de que los demás no están cooperando con nuestra cosmovisión, entonces el camino de la sanación permanecerá cerrado para nosotros, y seguiremos envueltos en el orgullo y la ilusión autoimpuesta.

Momentos de claridad: nuestras propias estrellas por las que trazamos nuestro rumbo

MUCHOS DE NOSOTROS HEMOS TENIDO momentos en nuestra vida en los que algo que había sido esquivo se vuelve claro de repente. Tal vez se trate de un sentido de la orientación que se nos escapaba, o de una comprensión de por qué nos cuesta hacer ciertas cosas, o de un área de nuestra vida que habíamos descuidado, o de una dirección en la que necesitábamos ir. Estos momentos de claridad suelen ser repentinos y vívidos. Pueden surgir durante momentos de oración silenciosa o durante momentos en los que nos permitimos estar en silencio e introspección. También suelen ir acompañados de un intenso deseo de completarlos con acciones y hacer cambios en nuestra vida.

Al igual que los marineros de antaño utilizaban las estrellas para trazar sus rumbos, nosotros utilizamos estos momentos de percepción y claridad para trazar nuestro rumbo en nuestro viaje por este mundo. Navegamos de comprensión en comprensión, creciendo cada vez que tenemos un momento así, al poner en práctica la comprensión. En efecto, como dijo san Antonio el Grande, «El que se conoce a sí mismo, conoce a Dios: y quien conoce a Dios es digno de adorarle como es debido. Por eso, amados míos en el Señor, conózcanse a sí mismos».*

Si no hemos experimentado estos momentos de claridad y perspicacia, es muy probable que no los hayamos deseado. El nacimiento de estos momentos comienza con el deseo: el deseo de algo mejor, el deseo de cambiar y progresar espiritualmente. Sin embargo, a veces nos damos cuenta de que nos hemos estancado espiritualmente. Incluso podemos sentirnos espiritualmente atascados. Estos momentos pueden convertirse en una gran fuente de frustración. A menudo empezamos a avergonzarnos o a frustrarnos con nosotros mismos al darnos cuenta o creer que nos hemos estancado espiritualmente. Sin embargo, cuando hacemos esto, solo nos estamos condenando al estancamiento espiritual. El crecimiento espiritual requiere deseo, esfuerzo y esperanza. La vergüenza y la frustración son pobres motivadores en el proceso de theosis. El tiempo y la energía que gastamos en la vergüenza y la frustración estarían mucho mejor invertidos en la búsqueda de la autocomprensión y la autoconciencia.

---

* Derwas James Chitty, *The Letters of St. Antony the Great* (Ann Arbor, MI: S.L.G. Press, 1975), carta 4.

De hecho, estos momentos de autocomprensión y autoconciencia son los peldaños de la escalera de la ascensión divina, y el movimiento de subirlos es nuestra respuesta. ¿Los abrazamos y convertimos lo que vemos en propósitos, subiendo así la escalera? ¿O nos apartamos o nos dejamos distraer por las preocupaciones de este mundo, quedándonos así estancados en la escalera, o peor aún, teniendo un retroceso? La fuerza que nos impulsa a ascender es nuestro amor a Dios y nuestro deseo de estar más cerca de Él. Abordamos estos deseos en nuestra vida de oración pidiendo a Dios que nos ayude a hacer estos cambios deseados. Le pedimos que nos dé su gracia y el Espíritu Santo para que se nos revelen verdades y conocimientos y para que podamos sanar las heridas y los obstáculos emocionales que han dificultado nuestra theosis.

La oración es a menudo una ventana a través de la cual vemos nuestro interior. Nos esforzamos por orar en silencio para poder escuchar los susurros de Dios en nuestros corazones. También pedimos a Dios que nos dé valor para enfrentarnos a estas comprensiones y entendimientos, para que tengamos la humildad y el valor de trabajar con ellas. Estos momentos de claridad, de comprensión y entendimiento de nosotros mismos y nuestra vida, son realmente revelaciones. Cuando aparecen, debemos aferrarnos a ellas; al igual que aquel cuya supervivencia depende de encender un fuego acuna y protege la brasa que finalmente consigue crear, así debemos agarrarnos con fuerza y proteger ese momento de claridad y comprensión para que no se pierda. Estos momentos de comprensión, cuando somos capaces de ver en nuestro interior y descubrir lo que falla, son el punto de partida de la sanación de la que trata este libro.

CAPÍTULO 2

Cómo el pasado puede afectar al presente

Parte I: Las pérdidas fundamentales

L AS HERIDAS EMOCIONALES NO ATENDIDAS nos afectan espiritualmente de muchas maneras. Afectan a nuestro comportamiento en las relaciones —nuestra capacidad de confiar y ceder el control, de perdonarnos a nosotros mismos y a los demás, de amar y ser amados, de permitirnos ser vulnerables— y a nuestra capacidad de estar en el momento presente, tanto con nosotros mismos como con quienes nos rodean. Para los cristianos ortodoxos, nuestra salvación está en nuestros hermanos y hermanas. No se puede obviar la importancia de las relaciones. Nuestra capacidad de recibir amor y de reflejar el amor de Cristo a los demás es un componente necesario de nuestra salvación. A todos se nos presenta el gran mandamiento de Cristo de amar a nuestro prójimo como a nosotros mismos y, sin embargo, a menudo luchamos con este mandamiento. Ciertamente, a veces esto es causado por el comportamiento difícil o desafiante de otros, pero a menudo los obstáculos se encuentran dentro de nosotros. ¿Qué elegimos?

¿Resignarnos a ser lo que somos actualmente, o tomar el camino de la autocomprensión y el autoconocimiento?

Este camino está iluminado por la humildad. Mostramos humildad al estar abiertos a la posibilidad de que los problemas o las deficiencias en nuestras relaciones interpersonales no se deban a los demás, sino que provengan de nuestro interior. Debemos empezar por permitirnos ver todas nuestras carencias, defectos y deficiencias sin apartar la vista, sin asignarles significados de fracaso y sin culpar a los demás. Por el contrario, debemos ver nuestras debilidades como obstáculos que hay que despejar, como retos saludables que hay que superar, motivados por la esperanza y la convicción de que, una vez eliminados los obstáculos, disfrutaremos de una vida más fácil y alegre. Le debemos a nuestra familia, a nuestro prójimo y, de hecho, a toda la humanidad, sanar y restaurar estos aspectos caídos de nosotros mismos.

Las formas en que nuestras heridas emocionales nos obstaculizan espiritualmente serán cubiertas bajo tres áreas principales: pérdida de confianza, miedo a la vulnerabilidad y vergüenza.

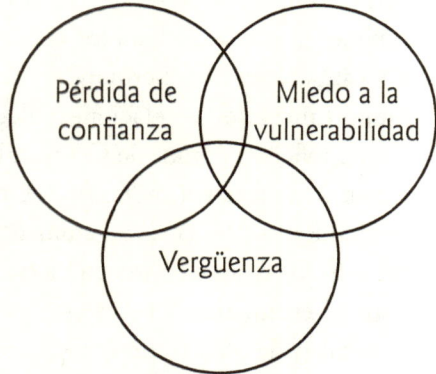

Ilustración 1. Las pérdidas fundamentales

Estas luchas tienen un efecto adverso en nuestra vida espiritual. La pérdida de confianza lleva a la pérdida de esperanza en el resultado de nuestra vida y en las relaciones. El miedo a la vulnerabilidad nos lleva a luchar contra el deseo de evadir y controlar. La vergüenza nos hace incapaces de aceptar el amor de los demás y de Dios y puede llevarnos a abandonar la esperanza de alcanzar la theosis. Si intentamos ignorar estos obstáculos, nos sometemos a limitar nuestro crecimiento espiritual. Sin embargo, como veremos, cuando estas áreas se resuelven, nuestro ascenso espiritual puede continuar con gran eficacia.

Pérdida de confianza

SE SABE QUE NUESTRAS PRIMERAS relaciones se convierten a menudo en modelos para las relaciones posteriores. Ya sea para bien o para mal, las relaciones con nuestra madre y nuestro padre contribuyen en gran medida a nuestra capacidad de relacionarnos con los demás. La expresión *trauma relacional* se utiliza a menudo para describir lo que ocurre cuando quien se supone que nos protege y nutre acaba haciéndonos daño e hiriéndonos. Para aclarar, no nos referimos a las inevitables imperfecciones que existen en las relaciones entre padres e hijos o a los inevitables errores que todo padre comete. El trauma relacional sucede cuando se produce una traición grave, repetida o constante del papel que se supone que debía desempeñar la persona a cargo del cuidado o la protección del niño.

En sus aspectos más profundos, los traumas relacionales tienen como núcleo los temas de la traición y la pérdida. Las experiencias dolorosas y traumáticas suelen tomar nuestras creencias y cosmovisión y ponerlas patas arriba. Debido a la traición y al dolor, abundan las pérdidas fundamentales. La que tiene mayor impacto en nuestra vida espiritual es la pérdida de confianza. Como resultado de esta pérdida fundamental, se forman otras pérdidas adicionales: la pérdida de lo que debería haber sido pero no fue, la pérdida de la inocencia, la pérdida de la normalidad y la pérdida de la seguridad. Esto tiene inmensas ramificaciones en nuestra capacidad de confiar en los demás y en nuestra disposición a ser vulnerables en las relaciones; ambas cosas son necesarias para que podamos amar a los demás como Cristo nos amó.

Es imprescindible señalar aquí que, efectivamente, se dan situaciones en las que es prudente desconfiar. Sin embargo, esto se aplica principalmente a las situaciones en las que hay pruebas claras de que la persona en cuestión ha tenido un comportamiento que justifica esta desconfianza. En tales situaciones, la desconfianza y el amor pueden coexistir. Uno se acuerda de las palabras de nuestro Señor sobre tales escenarios: «Sean, pues, astutos como serpientes y sencillos como palomas» (Mateo 10, 16). Sin embargo, una herida importante en el pasado puede conducir a una desconfianza generalizada hacia los demás en el presente, incluso cuando no han hecho nada que justifique la sospecha. En este escenario, la persona herida se retrae, llevando una mentalidad defensiva que suprime su potencial para reflejar el amor de Cristo a los demás.

Debido a experiencias significativamente dolorosas, podemos incluso perder la confianza en Dios. Muchos luchan por dar sentido a las pruebas y tribulaciones en sus vidas. Como resultado, podemos llegar a creer que Dios nos está castigando, que hemos hecho algo malo. Luchamos con el profundo sentimiento de que Dios ha retirado su providencia de nosotros, o que, de alguna manera, somos indignos de su amor y protección. Si creemos que Dios nos está castigando, ¿cómo podemos recibir plenamente el amor de Dios? La pérdida de confianza contamina y distorsiona la lente a través de la cual vemos el mundo y a los demás.

Parte de esta pérdida de confianza es la pérdida de la creencia de que la vida puede ir bien, de que tenemos tantas posibilidades de vivir una vida bendita y normal como cualquier otra persona. Esto puede dar lugar a lo que se denomina una *sensación de futuro desolador*. Esta es una de las características del TEPT: la sensación de que, de algún modo, nuestra vida se verá truncada, de que no alcanzaremos los logros normales de la vida, como el matrimonio, una carrera o tener hijos. En lo más profundo de estas percepciones se encuentra la creencia de que, de alguna manera, se nos ha dejado de lado, de que somos de algún modo diferentes. Las cosas buenas que les ocurren a los demás están fuera de nuestro alcance. La sensación de futuro desolador produce una duda profunda y fundamental: dudar de que podamos influir en nuestra vida, dudar de que seamos merecedores de cosas buenas, dudar de que nuestra vida pueda seguir una trayectoria normal. Si hemos sufrido una experiencia traumática o una situación en la que hemos sentido una gran impotencia y miedo, llegamos a asociarnos con ese acontecimiento. En algún nivel sentimos que el suceso se ha convertido en parte de nosotros y que nuestro pasado dictará las experiencias futuras.

Esta pérdida de confianza afecta a nuestra relación con Dios y con los demás de muchas maneras. Si empezamos a asociarnos con los acontecimientos negativos y persistimos en la creencia de que hemos sido apartados para vivir una vida de pérdidas con poca alegría o normalidad, entonces, en última instancia, nuestra percepción de Dios cambiará. Llegaremos a creer que Dios nos tiene reservadas cosas negativas, más para nosotros que para los demás. Por mucho que intentemos aceptar esto y estar en paz con ello, al final nos llevará al resentimiento, a una posible depresión, a la ansiedad y a dudar de la providencia y el amor de Dios por nosotros. También conduce a la confusión. En última instancia, nos preguntaremos: «¿Qué he hecho mal?». Esto puede llevarnos a sentirnos como si hubiéramos cometido algún crimen que en realidad no cometimos y que estamos condenados a una vida de castigo.

También podemos perder las oportunidades que se nos presentan. Si avanzamos por la vida con esa lente contaminada, creyendo que, de alguna manera, no tendremos experiencias de vida normales o típicas, puede convertirse en una profecía autocumplida. Cuando una experiencia normal o un hito está al alcance de la mano, tememos que sea demasiado bueno para ser verdad. Nos invade una sensación de «Esto no puede ser real, ¿verdad?». Para algunos, esto puede llevar a un tipo de ataque anticipado, o autosabotaje, en el que declinamos perseguir una oportunidad debido a la creencia de que todo se quedará en nada. ¿Por qué perseguir algo que al final simplemente desaparecerá o nos será arrebatado? ¿Por qué perseguir algo que al final solo se convertirá en una fuente de pérdida, humillación y dolor? Trágicamente, esto puede llevarnos a un estado de parálisis, en el que acabamos creando el mismo escenario vital que tememos. Nos quedamos atrapados en una mentalidad y una postura vital cautelosas y defensivas.

Cuando esto ocurre, puede hacer que el crecimiento espiritual sea casi imposible, porque nos negamos o somos incapaces de participar en los acontecimientos de la vida y en las oportunidades de amar. Esta profunda pérdida de confianza también tiene ramificaciones en las relaciones con los demás. Como se ha dicho anteriormente, las relaciones tempranas a menudo escriben los modelos de las relaciones posteriores. El abuso y la pérdida de confianza a manos de otra persona pueden conducir fácilmente a una mentalidad en la que todas las demás personas se convierten en fuentes potenciales de daño y traición. En estos casos, nos retraemos en las relaciones. Tememos acercarnos demasiado y evitamos depender de los demás a toda costa. Todas estas cosas limitarán nuestra capacidad de amar a los demás. Podríamos intentar amar a los demás con estas limitaciones; sin embargo, estaríamos amando con miedo (que siempre será un amor limitado) en lugar de hacerlo sin miedo, como quiere Dios (véase 1 Juan 4, 18).

Esta pérdida de confianza también puede llevarnos a ir por la vida con una visión hastiada y sarcástica de los demás, anticipando siempre lo peor. Podemos llegar a ver a los demás como una fuente de dolor y decepción, en lugar de como fuentes potenciales de amor y conexión saludable. En el fondo, esta visión negativa de los demás está compuesta por una pérdida: la pérdida de la esperanza de que la conexión con los demás pueda ser afirmativa y segura, un profundo sentimiento de decepción hacia los demás y la pérdida de la creencia de que los demás harán lo que es correcto y justo.

Miedo a la vulnerabilidad

Confiar es ser vulnerable, y ser vulnerable significa que uno puede ser herido. Como ya se ha dicho, cuando experimentamos la violación y pérdida de confianza a manos de otro, podemos desarrollar fácilmente una mentalidad en la que percibimos a todas las demás personas como fuentes de ese daño y esa traición. En tales casos, podemos tener una fuerte aversión a tener que depender de otro. También podemos evitar las relaciones en general. Todo esto limita nuestra capacidad de amar a los demás. Trágicamente, el miedo puede sacar lo peor de nosotros, convirtiendo un corazón cálido y compasivo en un corazón frío y defensivo.

El miedo a la vulnerabilidad puede dificultar que toleremos las relaciones estrechas porque nos sentimos amenazados por los sentimientos de amor y seguridad que provienen de una relación sana. A esos sentimientos de intimidad les sigue inmediatamente el miedo a que desaparezcan de algún modo, a que sean demasiado buenos para ser verdad, a que no los merezcamos y a que nos vuelvan a hacer daño. Esto puede llevar a comportamientos de autosabotaje para crear distancia entre nosotros y la otra persona y así sentirnos seguros.

Esto no es saludable, ya que estamos viviendo en función de la experiencia dolorosa pasada en lugar de abordarla y aprender a tolerar los sentimientos de vulnerabilidad e intimidad que son necesarios para las relaciones cercanas. La otra persona de la relación suele sentirse confundida e incluso herida por nuestro comportamiento. Se preguntan si tienen la culpa o si han hecho algo para provocar ese comportamiento de retroceso o distanciamiento. Probablemente no tenga ni idea de que estamos respondiendo a una experiencia pasada que se ha desencadenado en el presente. Esto puede dar lugar a que la otra persona se aleje, de modo que, una vez más, nuestro miedo a la vulnerabilidad se refuerza al encontrarnos solos y rechazados. Está claro cómo nuestro propio miedo a la vulnerabilidad puede contribuir a los sentimientos de soledad y aislamiento, aunque de forma autoimpuesta. Nuestro propio intento de mantenernos emocionalmente seguros nos lleva en última instancia a estar solos y a sentirnos rechazados, lo que refuerza la percepción y la creencia de que los demás son una fuente de dolor y rechazo.

Cuando luchamos contra este miedo, también podemos ser distantes y apartados de los demás. Puede que nos presentemos siempre cordiales e incluso cálidos, pero nunca divulgamos información íntima sobre nosotros y nunca compartimos las debilidades. Incluso podemos vivir con un miedo intenso a que los demás vean o detecten algún defecto o debilidad en nosotros. Si caemos en esta mentalidad, a menudo nos presentamos ante los demás como alguien difícil de conocer. Se puede ver cómo el miedo a la vulnerabilidad imita el orgullo. Si un comportamiento nace del miedo, ¿puede seguir llamándose orgullo? Seguramente, si estos comportamientos nacieran del narcisismo, esa calamidad del amor propio y el egocentrismo, sí constituirían orgullo. Sin embargo, cuando estos comportamientos nacen de un intento de evitar reexperimentar una situación dolorosa, quizá merezcan más empatía que juicio.

El miedo a la vulnerabilidad suele conducir a la evasión. La evasión en ciertas situaciones puede ser útil. A veces es necesaria para mantenernos seguros a nosotros mismos y a los demás. La evasión es útil cuando existe una amenaza real y legítima. No obstante, ¿qué ocurre si nos dedicamos a la evasión cuando no hay una amenaza o peligro real en el presente, sino como reacción a un recuerdo emocional del pasado? Cuando la evasión está motivada por un recuerdo o experiencia del pasado, a menudo pagamos un precio en el presente. Acabamos perdiendo oportunidades de tener experiencias en el presente que tendrían un resultado más positivo y que, por tanto, nos llevarían a sanar y a desaprender nuestras experiencias negativas del pasado.

Lo que hay detrás de la evasión es el miedo a repetir la experiencia que nos causó tanto malestar o sufrimiento. La evasión no solo implica evitar ciertas personas, lugares o interacciones, sino también ciertas emociones. La evasión también puede llevar a alguien a adoptar comportamientos poco saludables, como complacer a la gente, evitar la intimidad o evitar las interacciones con los demás. Esto puede llevar a la parálisis, ya que dejamos de comprometernos con el presente y nos quedamos atrapados en un tiempo que ya no existe.

Toda experiencia significativa en nuestras vidas tiene ciertos temas centrales. Por ejemplo, para aquellos que han experimentado algún tipo de acontecimiento traumático, uno de los temas centrales es la impotencia. Es posible que empecemos a evitar cualquier situación en la que nos sintamos fuera de control, o que vivamos con el temor de encontrarnos con algo que no podemos controlar. Si hemos experimentado previamente la traición o el rechazo, podemos evitar acercarnos demasiado en las relaciones. Si hemos tenido una experiencia con un tema central de fracaso, es posible que evitemos emprender grandes proyectos o intentar aprender nuevas habilidades. También podemos caer en el perfeccionismo o en comportamientos de complacencia con la gente en un intento de garantizar que nadie se enfade con nosotros. La evasión suele significar una ganancia a corto plazo pero un dolor a largo plazo. Evitamos sentir malestar a corto plazo, pero a largo plazo solo reforzamos el miedo y la ansiedad asociados a ciertas experiencias. A menudo, el primer paso para superar la ansiedad es eliminar las formas de evasión en nuestras vidas.

En este intento de protegernos de la repetición de experiencias dolorosas, tendemos a caer en el sobrecontrol, en el que sentimos una profunda necesidad de tener una sensación de control sobre las relaciones o los acontecimientos. A menudo, cuando hemos experimentado situaciones muy dolorosas o atemorizantes en las que no teníamos ningún control, desarrollamos ciertas mentalidades o comportamientos para asegurarnos de no tener que volver a experimentar esos sentimientos. Podemos dedicar cantidades exorbitantes de tiempo y energía a esta evasión. Esto puede llevarnos fácilmente a intentar controlar lo que no podemos controlar, lo cual puede ser un factor importante de la ansiedad. Nos preocupa que, si no tenemos el control, vaya a ocurrir algo terrible.

Hay un dicho que dice: «Cuanto más intentamos controlar lo que no podemos controlar, más fuera de control nos sentimos. Solo cuando nos desprendemos de nuestra necesidad de control lo ganamos de verdad». La realidad es que no podemos controlar todos los factores de nuestra vida. Tenemos un control limitado sobre nuestra salud, los comportamientos de otras personas, las emociones de otras personas y los acontecimientos en general. Intentar ir por la vida controlando estos factores no solo no es saludable, sino que es imposible. Es solo cuestión de tiempo que nos demos cuenta de que es una causa perdida, lo que solo empeora nuestra ansiedad y nuestro miedo.

El gran reto para cualquiera que haya sufrido experiencias muy negativas en las que se encontraba totalmente indefenso es que suele desarrollar un miedo a la incertidumbre. No saber significa que no tenemos el control. Entregarse a Dios y confiar en él hace que muchas personas se sientan ansiosas por la pérdida de confianza y el miedo a la vulnerabilidad. Para muchos, sus mayores momentos de paz llegan cuando finalmente se rinden, cuando finalmente experimentan ese momento de darse cuenta de que, *«No puedo hacer esto más, no está funcionando, no puedo seguir tratando de controlar todo»*, y realmente liberan la situación que están tratando de controlar.

Darnos permiso para soltar y no tener el control es increíblemente liberador. A menudo, es durante esos momentos de soltar que empezamos a sentirnos mejor y, de repente, todo parece estar bien. Por supuesto, soltar es más fácil de decir que de hacer, y hablaremos de este proceso más adelante en este libro.

Cuando necesitamos que Dios actúe en una situación, tenemos que quitarnos de en medio primero. Muchos de nosotros rogamos a Dios que nos ayude, pero no queremos sentirnos impotentes, por lo que nos involucramos demasiado en una situación o nos esforzamos demasiado en un intento de controlarla. En estos casos, si Dios actuara de repente y concediera nuestra petición, ¿no atribuiríamos la resolución de la situación a nosotros mismos, a nuestros esfuerzos y a nuestro sobrefuncionamiento? Cuando soltamos y damos un paso atrás, se despeja el espacio para que Dios actúe, de modo que cuando lo hace, está claro que la liberación y la resolución vienen de Dios y no de nosotros. Dios quiere lo mejor para nosotros, y no querría actuar de una manera que refuerce nuestra propia necesidad de control y funcionamiento excesivo.

Así que está claro cómo el miedo a la vulnerabilidad puede causar estragos en nuestra vida espiritual. Lleva a un control excesivo, que luego agrava los problemas en nuestra vida y nos crea más ansiedad. Podemos ir por la vida dando la impresión de que confiamos en Dios y nos dejamos llevar, cuando en realidad nos aferramos a la vida, nos negamos a soltarnos y sobrecontrolamos a las personas y las situaciones. Es difícil ver la providencia de Dios cuando vamos por la vida creyendo que todo depende de nosotros para evitar que ocurran cosas malas. La sombra de nuestra ansiedad y el miedo a la vulnerabilidad bloquean la belleza de la providencia de Dios como las densas nubes impiden los rayos del sol.

La vergüenza

UNA EMOCIÓN TIENE LA CAPACIDAD de causar estragos en nuestra vida espiritual más que todas las demás: la vergüenza. Está claro que otras emociones pueden llevarnos a aguas peligrosas espiritualmente, pero ninguna es tan subversiva y sutil como la vergüenza.

Muchos confunden la diferencia entre vergüenza y culpa. A efectos de este libro, la culpa es el remordimiento por un mal comportamiento, mientras que la vergüenza es la creencia de que las personas somos malas. El remordimiento incluye un deseo: desearíamos haber hecho algo mejor. Sin embargo, el remordimiento sano deja espacio para un sentido de aceptación: la aceptación de que cometimos un error, de que Dios es bueno y amoroso, y de que tendremos oportunidades para corregir nuestro error. En la vergüenza, lo único que aceptamos es nuestro fracaso y la idea de que merecemos un castigo perpetuo. Cuando tomamos conciencia de esta diferencia, es fácil ver qué emoción tiene cabida en la vida espiritual y cuál no.

La vergüenza de la que hablamos es una sensación duradera y arraigada que persiste en muchos de nosotros. Una vez que echa raíces en nuestra alma, se extiende rápidamente a todos los ámbitos de nuestra vida espiritual. Los que viven con un sentimiento de vergüenza muy arraigado experimentan sentimientos profundos de inadecuación, de ser malos y no merecer el amor de los demás o de Dios. La vergüenza se convierte en la lente oscura a través de la cual vemos la vida. Puede llegar a estar tan entretejida en nuestro ser, en nuestra personalidad y en nuestra forma de pensar cotidiana que no somos conscientes de ello. La verdadera vergüenza tiene la capacidad de cegarnos al amor de Dios y de los demás en nuestra vida.

La vergüenza puede ser la gran negación de nuestra vida. Si está activa en nosotros, puede impedirnos aceptar nuestras propias afirmaciones, como que soy un hijo de Dios hecho a su imagen, o el afecto y la afirmación de los demás. Al igual que la pérdida de confianza, puede hacernos dudar de la providencia de Dios hacia nosotros. Al fin y al cabo, si cargamos con la vergüenza, eso significa que somos malos y, por tanto, no somos dignos del amor y la providencia de Dios.

La vergüenza también puede dar lugar al perfeccionismo. Nos lleva a presionarnos demasiado para rendir bien, creyendo que si solo podemos complacer a los demás no volveremos a ser avergonzados. Entonces vemos la codependencia en marcha: la necesidad compulsiva de complacer y permitir a los demás para que nos acepten y no nos avergüencen o rechacen. La vergüenza puede ser un poderoso motivador en nuestra vida, haciendo que hagamos muchas cosas por razones equivocadas. Cuando actuamos por la vergüenza, podemos encontrarnos constantemente tratando de ser lo suficientemente buenos. El motivo por el que tratamos de ser lo suficientemente buenos suele ser vago, ya que es inconsciente hasta que nos damos cuenta, lo identificamos y lo llevamos al nivel consciente.

¿Cómo nos avergonzamos y cómo aprendemos a asumir la vergüenza como parte de nuestra identidad? Las formas más sencillas de vergüenza se relacionan con algún defecto o falla percibidos en nuestra apariencia o personalidad. La vergüenza suele ser aprendida. La vergüenza tóxica de la que hablamos es la que nos inculca otra persona o un acontecimiento en el que nos sentimos impotentes, o que incluso nos inculcamos nosotros mismos. Quizá nos avergonzó nuestro cónyuge, nuestro jefe, nuestros padres o algún otro miembro de la familia. Normalmente, la persona que nos avergüenza es alguien que percibimos que tiene cierta autoridad en nuestra vida. Cuando alguien nos avergüenza, sus palabras nos hacen sentir y creer que somos malos, en lugar de ver que lo que hicimos es malo. Los padres pueden avergonzar a sus hijos cuando se exceden en la disciplina. Avergonzar es un pobre motivador y da lugar a una actuación más negativa, ya que el que es avergonzado entra en una profecía autocumplida: «Después de todo, si soy "malo", ¿cómo voy a hacer cosas buenas? Debo resignarme a mi destino de ser malo».

La fuente de vergüenza en nuestra vida también podemos ser nosotros mismos. Podemos avergonzarnos a nosotros mismos cuando nos repetimos mensajes negativos y vergonzosos. Estos mensajes implican pensamientos sutiles sobre nosotros mismos que incluyen no ser dignos de ser amados, ser incompetentes o unos fracasados, o no merecer cosas buenas. A menudo, avergonzarnos es una práctica aprendida. En un nivel inconsciente, reproducimos la forma en que otra persona nos avergüenza. En estos casos, interiorizamos la vergüenza, repitiendo el mismo mensaje una y otra vez, aunque la fuente original de la vergüenza haya desaparecido. La autoculpación, en la que nos culpamos de un acontecimiento sobre el que no tenemos control, también puede ser una fuente de vergüenza.

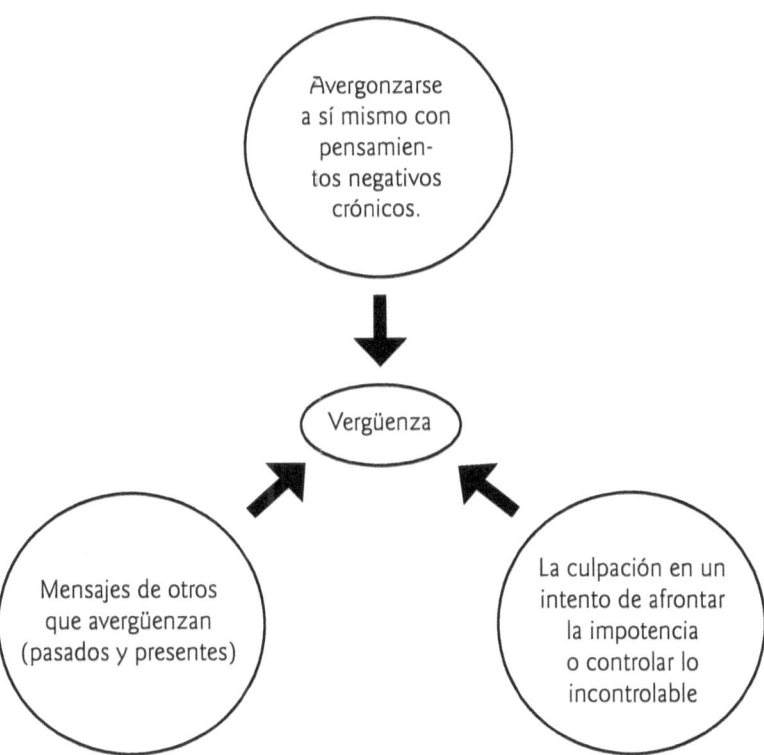

Ilustración 2. Fuentes de vergüenza

Las víctimas de abusos, especialmente a una edad temprana, pueden cargar con la culpa y la vergüenza del abusador en un intento de dar sentido a lo que está ocurriendo. Esa autoculpación puede ser una fuente profunda y crónica de vergüenza en nosotros que emana hasta que se descubre y se cura. Es importante señalar que avergonzarnos a nosotros mismos no solo se produce en forma de declaraciones obvias de autovergüenza que podemos hacer de manera verbal o pensar a nosotros mismos. También podemos avergonzarnos de forma más sutil, por ejemplo, en nuestra disposición general hacia nosotros mismos. Este tipo es más difícil de detectar en nosotros mismos. Cuando nos culpamos a nosotros mismos por un acontecimiento negativo del que no somos responsables, podemos arrastrar un profundo sentimiento de ser «malos» durante toda nuestra vida hasta que se descubra y se resuelva. Por muy compasivos, generosos, cariñosos o bondadosos que nos hayamos convertido, podemos sentirnos como si cargáramos con la culpa de un crimen del que no somos responsables.

Si de niño crecimos en un entorno impredecible o fuera de control, podemos arrastrar hasta la edad adulta sentimientos de vergüenza por no haber sido capaces de controlar lo incontrolable. Esto se debe al pensamiento egocéntrico del niño, que a menudo hace que asuma la responsabilidad de los acontecimientos o experiencias que fueron atemorizantes o que están más allá de su capacidad de comprensión. Este tema se tratará con más detalle en el próximo capítulo.

Cada incidente de vergüenza deja una herida invisible en el corazón de la persona avergonzada. No hacen falta demasiados incidentes de este tipo para que comience un sufrimiento silencioso en la persona avergonzada, un sufrimiento que puede durar años, incluso toda la vida. La vergüenza puede llevar fácilmente a la depresión, en la que uno siente un dolor no resuelto por la pérdida de afirmación y de ser amado, y en algunos casos, por el fracaso percibido. Para los que sufren de vergüenza, la vida puede estar vacía de gozo, porque cualquier cosa que disfrutan es seguida inmediatamente por sentimientos de culpa por haber disfrutado de algo. La vergüenza adormece aspectos de nosotros mismos. Ya no somos conscientes ni capaces de sentir el amor, la esperanza y el gozo de Dios.

CAPÍTULO 3

Cómo el pasado puede afectar al presente

Parte II: Cuando el pasado tiñe el presente

C UANDO INTENTAMOS SEGUIR ADELANTE SIN procesar o resolver completamente los sentimientos dolorosos en torno a un acontecimiento o situación, este dolor puede perturbar nuestra vida espiritual. Por mucho que intentemos alejar un recuerdo o convencernos de que todo está bien, algunos aspectos de nuestra mente inconsciente se aferran a ellos, negándose a seguir adelante hasta que consigamos algún tipo de comprensión o dominio de la experiencia.

Si no abordamos activa y directamente estos acontecimientos dolorosos o traumáticos, pueden acabar saliendo de forma lateral, a través de algo llamado *transferencia*. Esto puede causar una variedad de comportamientos destructivos que nos perjudican a nosotros mismos y a todos los demás en nuestra vida. Como veremos, la transferencia también se convierte en una fuente de pecado, ya que las personas cercanas a nosotros tienen que soportar nuestra reacción a las acciones cometidas por otra persona en un lugar y tiempo diferentes.

Transferencia: Sufrimiento presente por eventos pasados

TIAN DAYTON DEFINE TRANSFERENCIA COMO la superposición del dolor del pasado en las relaciones de hoy. Se produce cuando el pasado se mezcla con el presente, cuando reaccionamos ante alguien o algo en el presente como si fuera algo del pasado que todavía nos afecta. Nuestra mente sabe cuándo ha ocurrido algo que no debería haber ocurrido. La conciencia escrita en nuestro corazón de la que habla san Pablo sabe cuándo se ha producido un mal. Nuestra mente también tiene la necesidad de dominar una experiencia, de procesarla completamente antes de seguir adelante y dejar ir las emociones dolorosas asociadas con el evento.

Por eso existe el TEPT. Por eso los niños a menudo necesitan curarse de las experiencias traumáticas a través de los modos de comunicación que conocen, es decir, el arte y el juego. Cuando un niño traumatizado ha abordado lo sucedido a través del dibujo o la pintura y el juego, ayuda a evitar que se vea perjudicado en el futuro.

Por mucho que intentemos con nuestra mente consciente olvidar y seguir adelante, la mente inconsciente se aferra hasta que hayamos abordado adecuadamente la experiencia. Como se ha mencionado anteriormente, cuando intentamos seguir adelante sin haber abordado adecuadamente lo sucedido, los recuerdos y emociones no resueltos saldrán de forma lateral, filtrándose a través de los desencadenantes del presente. Según Dayton, a través de la transferencia «nos enfrentamos a nuestro pasado a través de nuestras relaciones con el presente».* Cuando una persona se enfrenta al pasado, realiza los movimientos físicos de una pelea con alguien, solo que el oponente no está allí, sino que está

---

* Tian Dayton, *Emotional Sobriety* (Deerfield Beach, FL: Health Communications, Inc., 2007), 126.

golpeando el aire. Sin embargo, con la transferencia, aunque el problema con el que realmente estamos luchando ya no está presente, acabamos luchando con quienes están cerca de nosotros en el presente, y que son inocentes.

Uno puede ver lo problemático que es esto espiritualmente. Cuando reaccionamos ante las personas del presente como si fueran personas del pasado, esto provoca una gran confusión e incluso daño a las personas del presente. Por ejemplo, una persona que sufrió falta de control en una relación con una persona impredecible puede encontrarse con una fuerte reacción defensiva o ansiosa ante alguien en el presente que le recuerda inadvertidamente a esa persona. Cualquier aspecto de la persona o de la situación que le haga sentir fuera de control puede ser el desencadenante. Todas esas emociones no resueltas del pasado afloran de repente y nublan su pensamiento, su percepción y su juicio. Al cabo de un tiempo, puede sospechar que algo va mal y empezar a preguntarse por qué sigue teniendo esa reacción ante determinadas personas y situaciones.

La gran ironía es que, debido a la transferencia, en realidad podemos crear el mismo escenario que estábamos tratando de evitar en primer lugar. La persona que recibe la transferencia se siente confundida y herida, y puede retirarse o sentir la necesidad de tomar represalias contra la respuesta desconcertante.

Reexperimentación: Hacer sufrir a otros por nuestro pasado

OTRO COMPORTAMIENTO O FORMA DE transferencia que es bastante perjudicial para nosotros mismos y para los demás es la *reexperimentación*. Las reexperimentaciones pueden ser perjudiciales para las relaciones. Las reexperimentaciones se producen cuando recreamos inconscientemente en el presente patrones y dinámicas de interacción del pasado.* Esto suele ocurrir cuando somos provocados (ocurre algo en el presente que desencadena el miedo a que se repita una experiencia pasada). Incluso podemos actuar en un intento constante de evitar que se repita una experiencia pasada.

Las reexperimentaciones pueden producirse por varios motivos. Normalmente tienen dos motivos. Uno es un intento de obtener el dominio de un acontecimiento. El otro es de naturaleza protectora, causado por defensas rígidas. Como se ha mencionado anteriormente, tenemos un deseo natural de obtener una sensación de dominio sobre los acontecimientos pasados en los que no tuvimos ningún control. Cuando no abordamos estos acontecimientos de forma deliberada y los mantenemos en un nivel consciente, podemos acabar reexperimentándolos. Cuando nos involucramos en una reexperimentación, recreamos repetidamente el escenario en nuestra vida, pero en nuestros propios términos, en un intento de dominar el evento.

No obstante, como ya se ha dicho, no todas las reexperimentaciones tienen como objetivo el dominio. A veces, reexperimentamos debido a las rígidas defensas que empleamos para asegurarnos de no volver a pasar por una determinada experiencia dolorosa o traumática. Por ejemplo, alguien que ha sido abandonado por sus padres puede volverse excesivamente apegado y dependiente en sus relaciones para asegurarse de que nunca más será abandonado. Por desgracia, estos comportamientos le llevan a ser rechazado y abandonado en la relación. Las defensas que emplea para evitar que le vuelvan a hacer daño crean la misma situación que pretendía evitar.

---

* Aquí, *reexperimentación* se refiere a un patrón inconsciente de conducta, pero también puede referirse al fenómeno que se observa frecuentemente en el TEPT de volver a experimentar de manera involuntaria el trauma original por medio de pesadillas y reviviscencias (*flashbacks*).

Otro ejemplo es el de alguien que creció con padres que se peleaban mucho. La niña no tenía control sobre la situación y se sentía impotente en ella. Puede crecer con la necesidad de tener el control, con un temor a las situaciones en las que no tiene poder. Esto puede llevar a comportamientos controladores o defensivos que hacen que los demás reaccionen de tal manera que ella se sienta impotente. De nuevo, acaba creando el mismo escenario que tanto teme.

Las reexperimentaciones ocurren en un nivel inconsciente. La persona que participa en ellas solo será consciente de que parece estar teniendo las mismas experiencias negativas repetidamente, pero no tendrá ni idea de por qué. Como resultado, se siente victimizada y traumatizada de nuevo.

¿Cómo podemos sanar mientras sigamos participando en estas reexperimentaciones? Solo sirven para reforzar las creencias negativas que aprendimos de la experiencia dolorosa o traumática original. En las reexperimentaciones, el pasado se reproduce en el presente. En lugar de avanzar hacia la sanación y el perdón, nos quedamos atascados en un tiempo y lugar anteriores y bajo la dolorosa sombra de un acontecimiento pasado.

Sin embargo, el momento en que nos damos cuenta de lo que realmente está ocurriendo puede ser a la vez humillante y liberador. Llegamos a comprender que no somos la víctima, sino que en realidad nos hemos convertido en el agresor o instigador. Para algunos, esto puede ser liberador, ya que de repente se dan cuenta de que no están indefensos; no son víctimas. De hecho, han tenido el control todo el tiempo y, por lo tanto, ahora tienen la capacidad de cambiar y detener las reexperimentaciones. Es importante no avergonzarse en ese momento de darse cuenta, sino ponerse a trabajar rápidamente para detener las reexperimentaciones y abordar la experiencia no resuelta que las estaba causando.

Pero ¿qué pasa con las personas de nuestra vida que han sufrido y se han visto afectadas por nuestras reexperimentaciones? Como parte de nuestra propia sanación, debemos dirigirnos a los que se han visto afectados. Las personas que recibieron las reexperimentaciones no tienen forma de saber lo que realmente ocurrió. Como mínimo, pueden haber quedado confundidos y desconcertados por nuestro comportamiento. En el peor de los casos, pueden resultar heridos y sentirse como nosotros nos sentimos durante nuestra experiencia original. En esencia, podemos acabar infligiendo a los demás los mismos sentimientos que nos infligieron a nosotros.

En algunos casos, puede ser demasiado explicar al otro lo que está ocurriendo. Puede que no lo entiendan o que les parezca demasiada información. En tales situaciones, puede ser suficiente con detener las reexperimentaciones y tender la mano de una manera que sea afirmativa y sanadora. Sin embargo, en situaciones en las que se ha producido un daño importante, puede ser necesario compartir lo que ha sucedido con nosotros para que la otra persona entienda que no ha sido su culpa y que, de hecho, no ha hecho nada malo. Esto es importante para evitar que interioricen la forma en que les hemos hecho sentir. En estos casos, la otra persona suele sentirse conmovida por nuestra disposición a ser vulnerable y humilde, lo que abre la puerta a la compasión y el perdón.

Ver nuestros propios defectos en los demás

Otro comportamiento en el que solemos incurrir es ver nuestros propios defectos en los demás. Esto se llama proyección. Suelen ser partes de nosotros mismos que no nos gustan o que no encajan con la visión de nosotros mismos que intentamos mantener. Nos gusta percibirnos a nosotros mismos de una manera determinada, aunque los demás nos vean de forma muy diferente. Un aspecto de nuestra madurez espiritual es la precisión con la que nos percibimos a nosotros mismos y, en particular, lo bien que somos capaces de asumir nuestras imperfecciones y enfrentarnos a ellas sin darles la espalda y considerarlas un mero inconveniente.

Sin embargo, en nuestra inmadurez, no podemos tolerar ciertos aspectos de nosotros mismos que nos parecen incongruentes con cómo nos vemos, y los proyectamos en los demás. Acabamos acusando a los demás del mismo rasgo que existe en nosotros, porque es más fácil ver esos defectos en los demás que en nosotros mismos. Causa menos incongruencia y es más conveniente. Naturalmente, esto hace que el otro se sienta confundido, ya que no es capaz de relacionarse con lo que estamos viendo en él. Un ejemplo relativamente inocente de esto es cuando uno de los cónyuges está de mal humor, pero en lugar de asumirlo, lo proyecta en el otro cónyuge y le acusa de estar de mal humor. El cónyuge acusado se queda atónito ante la hipocresía e incluso puede que trate de dejar constancia de lo que realmente sucedió.

Lamentablemente, en los casos más graves, el daño puede ser mucho mayor. Si uno de los padres proyecta en su hijo aspectos no deseados de sí mismo, es probable que el niño no tenga la capacidad cognitiva de diferenciar entre la verdad y lo que el progenitor está proyectando en él. Entonces, el niño se asocia trágicamente con la proyección, se apropia de ella y sufre vergüenza y confusión como resultado.

Una vez más, vemos otra acción que, cuando se ve a la luz de cómo otros se ven afectados, es material apropiado para la confesión. En esencia, hemos acusado o juzgado a otros por lo que realmente existe en nosotros, y lo que es peor, ellos pueden haber sufrido como resultado. Si efectivamente hemos expresado la proyección a otro, entonces para completar nuestro arrepentimiento, tendremos que pedirle disculpas. Si ellos se sintieron identificados con lo que proyectamos injustamente sobre ellos, entonces tendremos que dar los pasos necesarios para revertir el daño que causamos.

Hiperreacción: Reaccionar de forma exagerada y empeorar los problemas

OTRO FENÓMENO QUE PUEDE RESULTAR de experiencias dolorosas no resueltas es la *hiperreacción*. Cuando luchamos con esto, somos provocados fácilmente y reaccionamos de forma exagerada ante las situaciones. La hiperreacción, aunque de naturaleza defensiva, a menudo empeora la situación. También puede crear las mismas situaciones que estábamos tratando de evitar.

La hiperreacción es una forma de transferencia, cuando el pasado se filtra al presente. Sin embargo, a diferencia de las reexperimentaciones, que son más duraderas y constituyen un patrón de comportamiento más crónico, la hiperreacción consiste en episodios únicos de reacción emocional o física ante un desencadenante específico.

Reaccionar de forma exagerada hace que la otra persona se sienta desconcertada y confundida. Esto puede causar un estrés importante en los demás y hacer que sea difícil estar cerca de nosotros. Algunos pueden responder preguntando por qué estamos tan nerviosos o diciendo que deberíamos «tranquilizarnos», pero estas respuestas no abordan el problema principal. En el fondo, la persona hiperreactiva no se siente segura y sus defensas están a tope. Tenemos que abordar la experiencia pasada que impulsa nuestro miedo, y aprender cómo nos ha afectado en el presente, para poner fin a estas reacciones exageradas destructivas.

Hipervigilancia: Estar siempre en guardia

CUANDO LUCHAMOS CONTRA EL MIEDO a la vulnerabilidad y no abordamos activamente las experiencias pasadas, podemos encontrarnos viviendo en un estado de *hipervigilancia*. La hipervigilancia es un estado constante de sentirse en guardia, al límite, siempre escudriñando nuestra vida y nuestro entorno en busca de cualquier amenaza o peligro. Estas amenazas pueden ser de naturaleza física o emocional. Podemos estar constantemente en guardia ante cualquier situación que pueda imitar de algún modo la experiencia no resuelta o que pueda provocar las mismas emociones dolorosas que sentimos por ella. Sentimos que algo malo está a la vuelta de la esquina. También podemos tener dificultades para confiar en las cosas cuando van bien. Cuando luchamos contra la hipervigilancia, es muy difícil permanecer en el momento presente y estar relajados. A menudo nos perdemos la belleza del presente porque nuestros ojos están fijos en posibles amenazas futuras.

La hipervigilancia severa puede incluso imitar la paranoia. La paranoia puede describirse como la creencia errónea de que los demás están en nuestra contra o tienen intenciones negativas hacia nosotros. Nos apresuramos a decir que la gente está «paranoica» cuando en realidad no lo está en absoluto. Simplemente son hipervigilantes, están al límite, y se exceden en la detección de amenazas potenciales, a veces viendo una amenaza donde no existe.

Cuando una persona hipervigilante se encuentra con una situación ambigua, suele rellenar los espacios en blanco con «hechos» que no son exactos ni verdaderos. Intenta resolver la incertidumbre o la ambigüedad utilizando información que ha aprendido de experiencias dolorosas pasadas. Por ejemplo, alguien que vive con miedo a ser rechazado puede ser hipersensible a las opiniones o percepciones de los demás sobre sí mismo. Si esta persona ve a un grupo de sus compañeros de trabajo conversando, es posible que se sienta impulsada a reaccionar y le preocupe que los demás estén hablando negativamente de ella. Sin duda, si verbalizara este temor, se le consideraría paranoica, cuando en realidad está siendo hipervigilante.

Las personas cercanas a una persona hipervigilante pueden encontrarla distante, sin vivir el momento presente. Incluso pueden sentir que están perdiendo a su ser querido por algún peligro o amenaza que no existe. A menudo, una persona hipervigilante se siente como si fuera una especie de centinela en un turno interminable.

La hipervigilancia también puede dificultar la oración. Cuando una persona hipervigilante trata de orar, puede realizar los movimientos externos de la oración, pero una parte de su corazón y de su mente siente que no puede dejarse llevar, que tiene que tener el control. Esto le impide recibir la paz de Cristo. No hay espacio para que la paz de Cristo habite porque el propio miedo, la ansiedad y la hipervigilancia de la persona están ocupando ese mismo espacio.

La hipervigilancia también hace que sea difícil rendirse a Dios y a su voluntad. En algún nivel, sentimos que no podemos confiar en los demás, que no podemos confiar en que Dios haga lo correcto y que tenemos que tener el control estando en constante guardia en nuestra vida. La preocupación es una forma de control. Creemos subconscientemente que mientras nos preocupemos por una situación, estamos haciendo algo al respecto y, por lo tanto, tenemos el control. Sin embargo, esta es una falsa sensación de control que solo nos roba la capacidad de estar en el momento presente y nos somete a un estrés innecesario. Como se dijo en el capítulo anterior, cuanto más intentamos controlar lo que no podemos controlar, más fuera de control nos sentimos. Solo cuando nos desprendemos de nuestra necesidad de control lo conseguimos de verdad.

La hipervigilancia se compone tanto del miedo a la vulnerabilidad como de la pérdida de confianza. A menudo conduce a un funcionamiento excesivo, es decir, a reaccionar y trabajar en exceso en áreas y situaciones en las que tenemos un control limitado o nulo. Si esas situaciones se resuelven de la manera que esperábamos, tendemos a atribuir la resolución a nuestros propios esfuerzos en lugar de a la providencia de Dios. En esencia, porque no nos dejamos llevar, porque no nos rendimos a Dios, porque no aceptamos o no pudimos aceptar nuestra falta de control en la situación, nos privamos de la oportunidad de aprendizaje de experimentar una situación que se resuelve sin que tengamos el control. Trágicamente, esto refuerza entonces la hipervigilancia y nos lleva a confiar más en nosotros mismos que en Dios. Solo cuando aprendemos y practicamos el dejar ir, creamos espacio en nuestros corazones para la paz de Cristo.

Regreso a una época anterior

CUANDO INTENTAMOS SUPERAR UNA EXPERIENCIA dolorosa o traumática sin abordarla, una parte de nosotros puede quedarse atrás, atascada en el pasado, en la edad que teníamos cuando ocurrió la experiencia no resuelta. Puede que crezcamos y maduremos en la edad biológica, pero una parte de nuestra naturaleza emocional no ha avanzado, crecido o madurado. Este aspecto de nosotros mismos se pone de manifiesto o se activa cuando nos encontramos con determinadas situaciones, normalmente las que nos causan estrés o nos recuerdan la experiencia que nos llevó a estar atascados en primer lugar. Ante ciertos desencadenantes, podemos volver a una forma de pensar y percibir anterior que afecta a nuestros sentimientos y reacciones.

Por ejemplo, los niños de entre cinco y nueve años tienen naturalmente una forma de pensar egocéntrica. Se ven a sí mismos como el centro de la vida, y cuando ocurren acontecimientos sobre los que no tienen control, en un intento de entender y dar sentido al acontecimiento, se culpan a sí mismos. Creen que el suceso debe haber ocurrido por su culpa, quizás porque fueron malos o hicieron algo mal.

Los niños no tienen la capacidad cognitiva de ver a los adultos o cuidadores, o su comportamiento, como algo malo. Tal capacidad causaría incongruencia y sería demasiado amenazante, ya que implicaría que los niños tuvieran que ver a las personas de las que dependen como inseguras, poco fiables y como personas en las que no se puede confiar. En lugar de procesar esa atemorizante realidad, los niños se culparán a sí mismos. Los niños tampoco tienen las herramientas cognitivas necesarias para enfrentarse a la impotencia y el desamparo. Al culparse a sí mismos, al creer que son de alguna manera responsables de la situación atemorizante, dejan de sentirse impotentes. Si tienen la culpa, si son responsables de lo que ha ocurrido, eso significa que no eran impotentes ni indefensos y, por tanto, pueden hacer valer su influencia o control sobre la situación. Así, el niño indefenso se convierte de repente en una figura poderosa que es responsable de todo lo que ocurre en su entorno.

Trágicamente, esto tiene grandes ramificaciones para la vida posterior. Mientras que el pensamiento egocéntrico es normal para un niño de cinco a nueve años, no lo es para un adulto. No obstante, aquellos adultos que se culpaban a sí mismos por eventos negativos sobre los que no tenían control cuando eran niños, cuando se estresan o se enfrentan a eventos negativos actuales sobre los que no tienen control, retrocederán a una etapa de desarrollo anterior, a la edad que tenían cuando se culparon por primera vez por un evento atemorizante o traumático. Cuando se enfrentan a algún acontecimiento atemorizante en su vida, sienten que está sucediendo por algo que hicieron, que de alguna manera es su culpa, que fueron malos o que Dios debe estar castigándolos. En esencia, la niña que se culpó a sí misma como mecanismo de afrontamiento de situaciones en las que no tenía ningún control, llevará este mecanismo de afrontamiento a la edad adulta. Continuará con el trágico hábito de asumir la responsabilidad de cosas de las que no es responsable. Como resultado, se encontrará tratando de manejar lo inmanejable y controlar lo incontrolable.

Podemos ver cómo este pensamiento egocéntrico puede infectar nuestra vida espiritual y dañar nuestra relación con Dios. Desarrollamos una espiritualidad inmadura. Podemos empezar a creer, en un nivel inconsciente, que de alguna manera podemos hacer que sucedan cosas buenas o malas en función de si oramos o no oramos, pecamos o no pecamos. Acabamos creyendo que tenemos un control que no tenemos. Sentimos que el peso del mundo está sobre nuestros hombros, y que de alguna manera todo depende de nosotros para evitar que sucedan cosas malas.

Culparnos por acontecimientos sobre los que no tenemos control es un hábito aprendido. Si nos encontramos luchando con esto, tendremos que volver atrás y encontrar la primera situación en la que recordemos haber participado en la autoculpación. La parte de nosotros que sigue aferrada a un momento del pasado está ahí debido a ciertas necesidades insatisfechas que ocurrieron a esa edad. Es probable que tengamos que expresar en palabras esa experiencia y satisfacer las necesidades que nunca fueron satisfechas en ese momento. Una vez que volvamos atrás y abordemos esas necesidades insatisfechas, podremos seguir adelante y responder a las situaciones de estrés de una manera más saludable.

Cuando hayamos incurrido en la culpación de niño, tendremos que aprender, sentir y asimilar la afirmación: «No fue mi culpa». Solo entonces podremos empezar a dejar de intentar manejar lo inmanejable, y desaprender la creencia infantil de que somos el centro y la causa de todo lo que nos rodea.

Es importante tener en cuenta que el incidente original de culpación puede ser una fuente de vergüenza que persiste hasta que el incidente se resuelve. Percibimos nuestra incapacidad para controlar los acontecimientos negativos de los que nos culpamos como un fracaso y, por tanto, como una fuente de vergüenza. Cada vez que nos encontramos con una situación de estrés en el presente y somos incapaces de manejarla o controlarla, nos aflige un profundo sentimiento de vergüenza, tanto porque nos sentimos responsables del acontecimiento negativo en sí como porque somos incapaces de controlarlo. En esencia, las situaciones de impotencia percibida en el presente hacen que el adulto se sienta de nuevo como un niño.

Si crecimos en un hogar en el que nuestros padres no siempre fueron capaces de ejercer su papel como padres debido a su propio dolor o a sus heridas, es posible que nos encontremos desempeñando el papel de padres. Cuando un niño tiene que asumir las funciones o responsabilidades de un padre debido a la disfunción de sus padres, ese niño se convierte en lo que se llama un niño parentificado. Estos roles o responsabilidades que un niño puede asumir incluyen cuidar de los hermanos menores más allá de lo que es normal para un hermano mayor, tener que hacer las tareas de los padres en el hogar como cocinar la cena, tratar de resolver los conflictos entre los padres, cuidar de los padres debido a su disfunción o tratar de mantener la paz en el hogar. Un niño parentificado por naturaleza está tratando de controlar lo incontrolable, porque un niño no puede hacer todo lo que un adulto puede hacer. Este intento de controlar lo incontrolable se convierte en un hábito aprendido que se lleva a la edad adulta. Si somos un niño parentificado, podríamos encontrarnos con que, de adultos, sentimos que tenemos que tener el control todo el tiempo. Tememos que si hay algo que no podemos controlar, entonces ocurrirá algo terrible.

Otro hábito que podemos aprender de niños y que puede acosarnos hasta bien entrada la edad adulta es pensar en las personas como si fueran todas buenas o todas malas. Como ya hemos dicho, los niños tienen una necesidad innata de ver a sus padres y a otros adultos como buenos y seguros. Cuando experimentan que los padres a veces son cariñosos y afectuosos, pero otras veces actúan de forma atemorizante, los niños son incapaces de dar sentido a lo que está sucediendo. Su pensamiento a esa edad tiende a ser más blanco y negro. Los niños no son capaces de comprender que los demás pueden ser buenos pero que a veces hacen cosas malas, o que tienen problemas que no son culpa del niño.

Sin embargo, esta forma de entender el comportamiento atemorizante o ambiguo de los demás tiende a ser activa en los adultos que nunca resolvieron sus experiencias atemorizantes de la infancia con sus padres. Como resultado, tienden a seguir viendo a los individuos como buenos o malos. Cuando se sienten ofendidos o heridos por alguien, pueden pasar de un extremo al otro. Toda la relación se vuelve repentinamente insegura y se ve afectada por esta interacción negativa.

En el ámbito de la consejería, esto se denomina *escisión*. Puede conducir a relaciones inestables y causar gran confusión en los demás. Cuando luchamos con esta tendencia y algo la activa en nosotros, nos volvemos incapaces de ver los aspectos positivos o seguros de la relación. Lo hacemos en gran medida para protegernos de las heridas y las decepciones. Lo contrario también es cierto. Si percibimos a alguien como todo malo, pero hace algo inesperadamente bueno, podemos empezar a percibir de repente a esa persona como todo bueno.

Está claro cómo esto puede afectarnos espiritualmente. ¿Cómo podemos amar a los demás con coherencia y como lo hizo Cristo si, ante la imperfección de los demás, nos apartamos de repente de ellos y los vemos como inseguros y amenazantes? ¿Cómo podemos mostrar misericordia a los demás? Una vez más, estas autocomprensiones pueden profundizar nuestra autoconciencia. A medida que seamos más conscientes de nuestra tendencia a pensar de esta manera, podremos confesarlo y proceder a resolverlo. En última instancia, tendremos que identificar cuándo y dónde aprendimos a pensar y reaccionar de esta manera y después, ponernos a procesar y hablar sobre el acontecimiento de origen con la intención de superarlo.

La automedicación: Evitar nuestro dolor con hábitos poco saludables

Cuando luchamos contra cualquier tipo de dolor o malestar, tenemos un deseo natural de sentirnos mejor. Esto se aplica tanto al dolor físico como al emocional. Cuando tenemos un malestar, lo saludable es ponerse a buscar primero la causa y luego, con suerte, el tratamiento. Tal vez seamos más capaces de hacer esto con el dolor físico. Sin embargo, cuando nuestro dolor y malestar es de naturaleza emocional, tendemos a evitar la búsqueda de la causa raíz, y pasamos directamente a encontrar una manera de sentirnos mejor.

Desgraciadamente, a menudo lo hacemos de forma poco saludable. Esto se llama *automedicación*. Todas las personas se han automedicado alguna vez. Tal vez haya sido algo tan benigno como comer un bol de helado al llegar a casa después de un estresante día de trabajo. Sin embargo, a menudo no es tan benigno. Cuando nos automedicamos, estamos intentando aliviarnos. Intentamos buscar algo que adormezca el dolor de los sentimientos de pérdida, pena, tristeza, presión, estrés o ansiedad.

Esta es la causa fundamental de la adicción. La adicción es un intento de afrontar y evitar el dolor emocional. En lugar de enfrentarnos a lo que está causando el dolor, lo evitamos a través de algo que crea un estado emocional más fuerte, aunque solo sea por un corto periodo de tiempo. Algunas de las formas más conocidas de automedicación son el alcohol, las drogas, el sexo y la pornografía, el gasto excesivo, la alimentación excesiva o insana y los juegos de azar. De hecho, existen grupos de Doce Pasos para todas esas formas de automedicación. Tian Dayton se refiere a las cosas que usamos para automedicarnos como «gestores del estado de ánimo». Cuando nos automedicamos, estamos participando en intentos poco saludables de regular nuestro estado emocional.

La automedicación a menudo conduce a un ciclo que es difícil de romper. La automedicación prolongada acaba provocando vergüenza. Al principio, el comportamiento parece bastante inocuo. Nos sentimos mejor durante un tiempo y aún no experimentamos los efectos negativos a largo plazo. Sin embargo, al cabo de un tiempo, empezamos a percibir una pérdida de control en este ámbito. Es posible que nos encontremos pensando cada vez más en la conducta de automedicación o preocupados por ella. Esto acaba afectando a nuestra capacidad para estar en el momento presente y atentos a los que nos rodean. Es posible que empecemos a resentir cualquier cosa o persona que no sea lo que estamos utilizando para sentirnos mejor. En cierto nivel, nos sentimos fuera de control; nuestra autoestima disminuye como resultado y conduce a la vergüenza. Este dolor emocional adicional de la vergüenza nos lleva a automedicarnos más.

La automedicación enmascara los síntomas que normalmente sufrimos como resultado de experiencias dolorosas no resueltas. De hecho, muchos de nosotros podemos cargar con una gran cantidad de dolor y heridas, pero debido a la automedicación, nos presentamos como bastante alegres y felices. En estos casos, podemos sentirnos así solo porque estamos usando una droga, de una forma u otra, para adormecer y bloquear el dolor emocional.

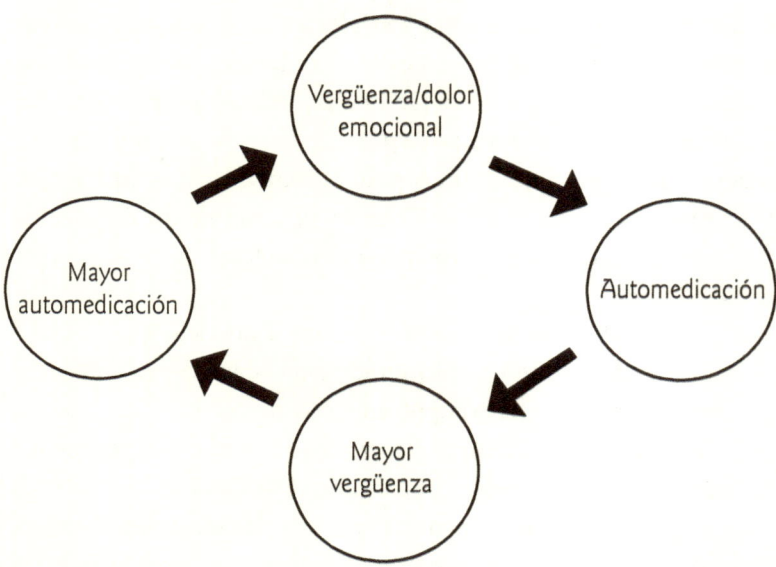

Ilustración 3. El ciclo de la vergüenza y la automedicación

Trágicamente, la automedicación no solo bloquea el dolor de forma insana, sino que también bloquea la percepción y la autoconciencia. Con la automedicación, detenemos el trabajo interior necesario para nuestra theosis. Solo cuando se retira la medicación, emerge la realidad de nuestro mundo interior. Este momento es una ventana de oportunidad crítica. ¿Huiremos del dolor emocional y volveremos a nuestros comportamientos pecaminosos y negativos, regresando así a nuestra falsa felicidad, o aprenderemos a utilizar el dolor que aflora como marcador para saber por dónde tiene que empezar nuestro trabajo?

CAPÍTULO 4

El comienzo de la sanación
Resolver lo que no ha sido resuelto

COMO SE DIJO EN EL capítulo 1, el primer paso en el camino de la sanación es darse cuenta de que no todo está bien, de que hay algo que no funciona o que está mal dentro de nosotros —la conciencia de que algo ha ido mal en nuestra vida y de que ya no podemos vivir con el dolor del suceso que perdura en nuestro interior. El entendimiento de que la tristeza y el dolor —y las formas destructivas que estos nos han afectado espiritualmente— no van a desaparecer. Cuando nos damos cuenta de esto y nos convencemos de que ha llegado el momento de abordarlo, entonces podemos comenzar nuestro trabajo de sanación en serio.

¿Qué es lo que inicia estos momentos de despertar, de aceptación y entendimiento de que tenemos que abordar lo que hemos estado evitando? Las causas o los catalizadores para que comience el proceso de sanación son muchos, y para cada uno de nosotros es algo diferente. Para algunos, el momento llega cuando simplemente se cansan de luchar y vivir con el dolor, la vergüenza o el aislamiento causados por sus experiencias. Para otros, sus luchas pueden llegar a un punto álgido en forma de alguna crisis aguda en su vida, en la que se enfrentan a sus experiencias no resueltas o no pueden seguir adelante. Y para otros, el trabajo de sanación comienza durante una determinada etapa de la vida, como la mediana edad o cuando nuestros hijos alcanzan una determinada edad.

Si nuestra experiencia dolorosa ocurrió cuando éramos muy jóvenes, puede que estuviéramos en una etapa de desarrollo en la que no teníamos la capacidad cognitiva necesaria para procesar y dar sentido a lo ocurrido. Es posible que hayamos recurrido a mecanismos de defensa, como la culpación, o que hayamos afrontado la situación reprimiendo los recuerdos. Si la experiencia fue muy traumática, es posible que nuestra mente esté tan abrumada que la parte de nuestro cerebro que registra los recuerdos para poder verbalizarlos se apague, y la experiencia se recuerde solo como imágenes o sensaciones.

En estos casos, con la ayuda de un profesional, podemos iniciar el proceso de reconstrucción de una narrativa de lo ocurrido. Siempre puede haber algunas lagunas en nuestra memoria del suceso, pero podemos reconstruir una narrativa suficiente para que comience el proceso de sanación. Necesitamos comprender lo que ocurrió para poder empezar a expresarlo, resolver las emociones asociadas a él y obtener una sensación de dominio sobre el mismo. En estos casos, la mente inconsciente sabe cuándo hemos llegado a un momento y a una etapa de crecimiento en la que estamos preparados para enfrentarnos a lo ocurrido y empezará a permitir que afloren las emociones y los recuerdos.

Sin embargo, muchos de nosotros ya recordamos el doloroso acontecimiento en su totalidad. Puede que tuvimos la edad suficiente para darle sentido, pero simplemente no supimos cómo responder a él o lo encontramos demasiado desagradable. No hay ninguna razón correcta ni incorrecta por haber postergado enfrentar un acontecimiento doloroso. Para cada uno de nosotros, era simplemente lo que necesitábamos hacer para salir adelante en ese momento. El momento de empezar a trabajar en la sanación de una experiencia será diferente para cada uno.

Cada vez que ocurre algo doloroso que no debería haber ocurrido, sentimos una pena que necesita ser resuelta. También podemos sentir ira hacia los demás o hacia nosotros mismos. Podemos sentirnos enfadados porque nos sentimos impotentes, porque cargamos con la vergüenza que pertenece a otra persona o porque otros que se suponía que debían protegernos, en cambio, nos infligieron daño. El proceso de sanación implica la sanación de duelo no resuelto, la resolución de la ira no resuelta y el trabajo diario y continuo de diferenciar entre el pasado y el presente.

El trabajo de sanación incluye tanto aspectos experienciales como cognitivos. El aspecto experiencial implica la resolución de las emociones no resueltas que nos agobian en el presente. El aspecto cognitivo implica llegar a comprender cómo la experiencia afectó a nuestras creencias sobre nosotros mismos, los demás y el mundo, y cómo estas creencias se manifiestan en nuestra vida cotidiana.

Duelo no resuelto

LA PÉRDIDA NOS AFECTA A todos en un momento u otro. Es importante ser conscientes de cómo nos afecta la pérdida para poner de nuestra parte y mantener nuestra salud espiritual, emocional e incluso física. Para la mayoría de nosotros, cuando pensamos en la pérdida, lo hacemos en forma de muerte física. Sin embargo, la pérdida viene en todas las formas y tamaños.

Como se ha mencionado anteriormente, muchas veces podemos encontrarnos luchando con sentimientos de pérdida o tristeza y no entendemos por qué, especialmente si no hemos experimentado el fallecimiento de familiares cercanos. Tenemos que conocer y ser conscientes de las otras formas de pérdida en nuestras vidas, ya que toda pérdida necesita ser llorada y lamentada. El duelo no resuelto persistirá hasta que sea procesado y tratado; podemos correr, pero no podemos escondernos. Muchas veces tenemos miedo de llorar, pensando que podemos perdernos en nuestro dolor y no ser capaces de encontrar la salida. No obstante, hacer el duelo por las pérdidas ocultas es una parte necesaria de nuestra sanación y theosis, nuestro esfuerzo por alcanzar la unión con Dios.

Algunas formas de pérdida que a menudo se ignoran, o que no son tan fácilmente identificables como pérdida, son el divorcio (el nuestro o el de nuestros padres), las experiencias traumáticas, una infancia dolorosa o disfuncional, la pérdida de una infancia normal, la pérdida de un padre por adicción o enfermedad mental, la pérdida de un trabajo, la pérdida de la salud, las mudanzas, el crecimiento de los hijos y la experiencia del síndrome del nido vacío. Estos se denominan *duelos desautorizados* porque la sociedad no los reconoce fácil o activamente como tales. En consecuencia, cuando experimentamos una pérdida de este tipo, corremos el riesgo de saltarnos el proceso de duelo necesario para seguir adelante.

Una forma de pérdida que se ha generalizado en nuestra sociedad es el divorcio. El divorcio es una pérdida más evidente e importante que otras, para todos los implicados, ya sea para los hijos o para la propia pareja. Es una pérdida que hay que procesar, llorar y abordar. El divorcio es una pérdida no solo para el marido y la mujer, sino para toda la familia. En muchos casos es una pérdida de la vida familiar. El escritor Pat Conroy era conocido por decir: «Cada divorcio es la muerte de una pequeña civilización».

Esta pérdida es profunda; puede repercutir durante muchos años e incluso durante toda la vida.

Sin embargo, algunas formas de pérdida son más sutiles y menos fáciles de identificar como pérdida. Muchas personas han tenido una infancia difícil o experiencias traumáticas (traumas relacionales) por las que necesitan hacer el duelo. En estos casos, nos afligimos no solo por lo que ocurrió, sino por lo que no ocurrió. Nos afligimos por lo que podría haber sido, pero ahora no será, por lo que debería haber sido pero no fue. Lloramos la pérdida de la experiencia vital normal que todos esperamos y deseamos, pero que no llegamos a experimentar.

Este es un aspecto de nuestro proceso de duelo que a veces pasamos por alto cuando lloramos la muerte de uno de nuestros padres con el que teníamos una relación tensa o limitada. Sabemos que hay que llorar su ausencia; pero, a menudo, pasamos por alto el duelo de lo que podría haber sido la relación, de lo que debería haber sido pero que ahora no ocurrirá. Lloramos al darnos cuenta de que tendremos que aceptar que la relación nunca superó sus limitaciones en esta vida terrenal. Cuando el padre o la madre está vivo, podemos albergar la esperanza de que tenga alguna epifanía que le haga convertirse de repente en el padre o la madre que siempre esperamos y deseamos, es decir, que un día se cumpla el vínculo padre-hijo. Asumir que esto no ocurrirá en esta vida terrenal forma parte del proceso de duelo.

Durante el proceso de duelo, sea cual sea el tipo de pérdida, nos esforzamos por alcanzar un punto de aceptación y cierre. Si hemos vivido un acontecimiento traumático, hemos sentido la pérdida de seguridad y, a menudo, de confianza. Antes de poder reconstruirlas, tendremos que hacer el duelo por la pérdida inicial y por el acontecimiento ocurrido. En los veteranos que regresan de Irak y Afganistán y que padecen TEPT, vemos que debajo de todos los

síntomas con los que luchan, en el fondo hay una profunda tristeza y dolor. Tienen una profunda conciencia de que ha ocurrido
algo que no debería haber ocurrido, y han perdido la esperanza de
poder volver a ser los mismos. El duelo y el luto por estas pérdidas
ayudan a que la mente tenga una sensación de dominio sobre la
experiencia dolorosa, y nos permiten dejarla ir y seguir adelante
con una sensación de esperanza restaurada.

Las formas de pérdida antes mencionadas —especialmente el
divorcio, una infancia disfuncional, una relación dolorosa con uno
de los padres, un cambio de vida o una transición— a menudo se
pasan por alto y no se reconocen como pérdida, por lo que es fácil
que queden enterradas en nuestro inconsciente. Aunque las reconozcamos, podemos intentar concluir el proceso de duelo antes de
que se produzca realmente, en esencia, cerrándolo cuando todavía
hay más dolor por salir. Cuando esto ocurre, el duelo no resuelto
se filtra de otras maneras, a través de fenómenos como sueños
recurrentes, síntomas o dolencias físicas, depresión o reacciones
emocionales desproporcionadas ante eventos o acontecimientos
menores. Es la forma que tiene nuestra mente de decirnos que
tenemos que volver atrás y enfrentarnos a esas pérdidas.

Otro peligro de no hacer un duelo completo es que intentemos
sustituir a la persona o la experiencia perdida por otra persona o
cosa. Podemos tomar una decisión importante en la vida demasiado pronto después de una pérdida, volver a casarnos demasiado
pronto después de un divorcio o hacer una compra importante
demasiado pronto después de que alguien fallezca. Esta tendencia
es inconsciente y poderosa. También podemos asociarnos con personas, lugares y actividades que nos recuerdan a la persona o cosa
que hemos perdido. Este último ejemplo es menos dañino que el
primero y suele desaparecer con el tiempo, aunque es perfectamente saludable si persiste.

Otra posible consecuencia de no hacer duelo por una pérdida directamente se llama *desplazamiento*. Esto ocurre cuando tomamos nuestro dolor por una pérdida específica y lo colocamos en alguien o algo más. Desplazamos el dolor a donde no corresponde, y a menudo otros sufren como resultado. Se produce una situación en el presente que desencadena nuestro duelo y nuestros miedos no resueltos, y pensamos que es el acontecimiento presente el que está causando toda la pena y el dolor. Por ejemplo, un padre que nunca ha procesado ni ha llorado sus miedos al abandono por parte de sus padres adictos puede acabar desplazando esa pena y ese miedo a sus propios hijos, temiendo que su hijo se sienta abandonado.

Hasta que llega al nivel consciente, el dolor desplazado puede ser muy confuso. En algún nivel podemos sentir que algo está mal, que este evento presente no debería ser la causa de tanta pena y angustia. Sin embargo, mientras creamos que proviene de un acontecimiento presente, seremos incapaces de resolver el verdadero origen de nuestro dolor. Darse cuenta finalmente de que, en realidad, nuestra reacción del duelo proviene de un acontecimiento pasado y no de uno presente puede ser muy liberador. Por fin podemos ver las cosas como son y empezar a hacer el trabajo de duelo que nunca pudimos hacer en el pasado.

Identificar las pérdidas ocultas o desautorizadas en nuestras vidas y abordarlas plenamente nos permite obtener más conocimiento de nosotros mismos, lo que nos convierte en una persona más sana en todos los sentidos. Elimina los obstáculos en nuestra relación con Dios, mejora nuestras relaciones con los demás y deja más espacio para la paz de Dios. Permite que la alegría se apodere de nuestros corazones, nos permite vivir el momento presente y, quizá lo más importante, nos ayuda a perdonar. Si podemos entender mejor cómo nos han afectado nuestras experiencias, lamentarlas y perdonar, entonces podremos amar más completamente y podremos imitar mejor a Cristo mismo.

Desencadenantes de duelo

UN DESENCADENANTE DEL DUELO ES cualquier cosa que nos recuerde una pérdida pasada o que active un duelo reprimido. Puede ocurrir un acontecimiento, ya sea en nuestra propia vida, en la vida de otros o en el mundo, que desencadena una mayor conciencia de lo que nosotros mismos pasamos y una reaparición de los sentimientos relacionados con el acontecimiento. En estos casos, el acontecimiento desencadenante suele compartir algunos rasgos o características con la experiencia no resuelta que hemos sufrido.

Un ejemplo de esto sería una persona que creció en un hogar donde había abuso o violencia doméstica. La persona puede creer que lo ha superado, pero al escuchar en las noticias de un tiroteo en una escuela o alguna otra tragedia que involucre a jóvenes, tiene una reacción de dolor repentina y extrema. La reacción de dolor es tan extrema que es como si él mismo se viera directamente afectado por la tragedia.

En este tipo de situaciones, si la persona en dolor vincule los hechos y perciba que algo más está sucediendo o no depende de su nivel de perspicacia y de la presencia de personas en su vida que puedan percibir lo que está sucediendo. Un observador externo podría detectar que parece estar identificándose en exceso con las víctimas. En el presente, la tragedia tiene un tema que sirve de desencadenante de duelo: la pérdida de la inocencia, de la infancia normal y despreocupada que todo joven merece. Ver esta pérdida en otra persona despierta el dolor reprimido y se abre una oportunidad de sanación.

Hay muchos otros tipos de desencadenante de duelo. La música, los lugares y los olores pueden ser desencadenantes de duelo. Un tipo específico de desencadenante de duelo es la llamada *reacción de correspondencia con la edad*. Esto ocurre cuando nosotros o alguien cercano a nosotros alcanza una edad de cierta importancia en la que nos recuerda una pérdida pasada no resuelta. Por ejemplo, si sufrimos una pérdida o algún otro acontecimiento doloroso cuando teníamos nueve años, es posible que experimentemos de repente un despertar del dolor reprimido cuando nuestros propios hijos alcanzan una edad similar. Miramos a nuestros hijos y nos vemos a nosotros mismos a esa edad.

Si no somos conscientes de lo que ocurre, esto puede afectar a nuestro proceso de crianza, ya que empezamos a reaccionar en el presente a una experiencia o situación del pasado. Una madre que sufrió alguna pérdida o trauma a una edad temprana puede volverse autoritaria, sobreprotectora o excesivamente controladora cuando su hijo llega a esa edad, en un intento de protegerlo. Sin embargo, esto no es saludable, ya que la amenaza percibida no existe en el presente; existe en el pasado. Hasta que no seamos conscientes de lo que ocurre, no podremos corregir nuestro comportamiento y cambiar.

Otro ejemplo contundente de este fenómeno es el siguiente. Una madre o un padre, cuando crecían, pueden haber experimentado el divorcio de sus propios padres. En un nivel inconsciente, su mente marcó que el divorcio de sus padres se produjo cuando ellos y sus hermanos se graduaron en la secundaria y fueron a la universidad. En su sistema familiar, los padres no tenían una relación sólida; eran los hijos los que mantenían unida a la familia. Como resultado, cuando los hijos se fueron de casa, los padres no pudieron seguir juntos y se divorciaron.

Como se ha dicho antes, se puede decir que el divorcio es la muerte de una pequeña civilización. Así que, inconscientemente, los hijos pueden haber grabado en su mente que cuando los hijos crecen y se van, la familia muere. Como resultado, el individuo proyecta inconscientemente su experiencia familiar de origen en su propia familia en el presente. A medida que pasan los años y ven crecer a sus propios hijos, pueden sentir un intenso temor a esa etapa de la vida en la que los niños se van. Porque están convencidos, en un nivel inconsciente, de que cuando los hijos se vayan, el sistema familiar dejará de existir, al igual que ocurrió con ellos cuando crecían. En esencia, asocian el hecho de que sus propios hijos crezcan y se vayan de casa con la muerte de la familia. Al imaginar el futuro y el nido vacío, no ven más que la ausencia.

El individuo de este ejemplo tiene una herida, una pérdida y un dolor no resueltos relacionados con el trauma del divorcio de sus padres. Una vez que es capaz de darse cuenta y traer a la conciencia que ha estado proyectando la experiencia de su familia de origen sobre su propia familia en el presente, todo el temor y la tristeza que ha estado sintiendo al ver crecer a sus hijos se desvanece y desaparece de repente. Al haber separado el pasado del presente, son capaces de ver su vida actual como lo que es —una bendición, buena y saludable— en lugar de hacerlo a través de la lente llena de dolor del pasado. La mente inconsciente es poderosa, y nuestra mente posee, en efecto, formas únicas de cargar con el dolor hasta que se resuelve y de marcar formas de mantener la memoria de los acontecimientos.

Relacionada con la reacción de correspondencia con la edad está la *reacción de aniversario*, que es cuando volvemos a experimentar emociones poderosas durante una determinada época del año en la que tuvo lugar un acontecimiento significativo en el pasado. Aunque estemos consumidos y distraídos por los asuntos de la vida, nuestra mente inconsciente está marcando las fechas como un calendario emocional. Esto es especialmente común con los aniversarios de la muerte de un ser querido o de algún otro acontecimiento doloroso. A menudo, en los días y semanas previos al aniversario del fallecimiento de alguien cercano a nosotros, empezamos a sentirnos nerviosos y tensos, y comenzamos a sentir todos esos sentimientos dolorosos de pérdida y pesar que sentimos cuando ocurrió el evento. Luego, cuando pasa el aniversario, nuestro estado emocional vuelve a la normalidad. Vislumbramos de la forma en que nuestra mente recuerda: no solo recuerda el acontecimiento, sino también las emociones y los sentimientos relacionados con él.

Esto también puede aplicarse a ciertas estaciones o a un momento determinado del año, como las vacaciones. Los rituales festivos —especialmente los relacionados con la Navidad o el Día de Acción de Gracias, que implican reuniones familiares y un aumento de las tradiciones, como los árboles de Navidad, los himnos, los regalos, las luces y las comidas— pueden ser potentes desencadenantes de duelo. Estos desencadenantes pueden ser menos agudos y dar lugar a un dolor disperso en el interior o a sentirse distante, emocionalmente insensible o distanciado. Intentamos celebrar el presente, pero el dolor no resuelto de una pérdida pasada está aflorando y anhelando atención.

Cada persona recuerda de forma diferente, con distintos detalles y claridad. A algunos les afectan más las reacciones al aniversario que a otros, y aún no se entiende la razón de ello. Si estos acontecimientos nos afectan de forma aguda o profunda, puede ser una señal de que tenemos más trabajo que hacer: más procesamiento, conversaciones y quizás más duelo. Sin embargo, no hay necesidad de temer a nuestros recuerdos o a estos dolorosos aniversarios. El simple hecho de ser conscientes de ellos y de prepararnos emocionalmente para ellos nos ayuda a atravesarlos. También pueden ser grandes oportunidades para nosotros. Si nos fijamos bien en nosotros mismos, estos aniversarios pueden revelarnos aspectos de nuestro dolor o de nuestros recuerdos que no habíamos procesado lo suficiente anteriormente. Si los exploramos adecuadamente, pueden darnos la oportunidad de sanar más para que el siguiente aniversario no sea tan difícil.

Para algunos de nosotros, incluso sin un desencadenante específico, nuestra mente nos hace saber, en un nivel inconsciente, cuándo es el momento de afrontar y abordar lo que nos ha causado tanta dificultad y lucha. En muchos casos, cuando sufrimos un trauma en una etapa temprana de la vida, poco después del trauma no hay síntomas o señales de que algo anda mal. Parece que seguimos adelante y llevamos una vida normal. Sin embargo, en algún momento posterior de nuestra vida, el trauma o la experiencia dolorosa del pasado empieza a abrirse paso de repente hasta el nivel consciente y crea una crisis en nuestra vida. La mente reprime el trauma o los aspectos no resueltos de una experiencia como forma de afrontarla. No obstante, como afirma Tian Dayton, nuestra mente tiene una necesidad natural de sacar las cosas a la luz, como una «astilla que se abre camino desde el inconsciente».[*] En estos casos, la decisión de afrontar y abordar la experiencia dolorosa no es del todo voluntaria. En un nivel inconsciente, nuestra mente ha decidido que es un momento seguro y adecuado para comenzar la sanación y expulsar la astilla dolorosa que estaba escondida en su interior.

---

* Dayton, *Emotional Sobriety*, 126.

Hacer el duelo con esperanza

UNA VEZ QUE NOS DAMOS cuenta de que, efectivamente, arrastramos un dolor no resuelto, debemos decidir si hacemos el duelo o intentamos evitarlo. Hacer el duelo con el propósito de resolver lo que hemos vivido, para no quedar paralizados por él, es saludable. Intentar contener o tapar el dolor es una causa perdida.

Se nos enseña a no apegarnos demasiado a este mundo, y no debemos hacerlo. Sin embargo, este desapego al mundo y a todo lo que hay en él es un proceso. Llorar no es un pecado. Jesús mismo lloró ante la tumba de Lázaro, y sabemos que Jesús es el hombre perfecto y el Dios perfecto. Jesús santificó el dolor, que es un resultado del amor, fuera de la tumba de Lázaro. Nos afligimos por las pérdidas que no nos corresponden, con la intención de superarlas, no por el deseo de aferrarnos a este mundo. Se nos permite lamentar la naturaleza caída de este mundo. Duele, es triste y es trágico; el duelo es un proceso que nos permite desprendernos realmente de este mundo caído y llegar al Reino de los cielos sin demasiado equipaje innecesario.

Hacemos el duelo para que nuestra mente y nuestro corazón no se consuman con la pérdida ocurrida. Volver atrás y hacer el trabajo de duelo no tiene por qué ser aterrador, ya que cuando se abraza puede traer una sensación de paz y ser muy liberador. Para algunos, el duelo es un proceso que dura toda la vida, pero que aprenden a abordar con una sensación de paz y esperanza.

La conclusión de un proceso de duelo o la obtención del cierre no siempre se anuncia por sí solo. El duelo suele presentarse en oleadas, por lo que debemos tener cuidado de no declarar prematuramente que nuestro proceso de duelo ha terminado. Quienes han vivido un duelo intenso lo comparan con estar a la deriva en el mar, a merced de las mareas y las corrientes. Resistirse o luchar contra esas corrientes solo empeoraría nuestro estado, y nos agotaríamos. Dejamos que las olas y las corrientes del dolor nos lleven hasta que nos encontremos en esa tranquila orilla del cierre y seamos conscientes de que es hora de seguir adelante.

Sin embargo, no debemos entristecernos, como afirmaba san Pablo, «como los demás que no tienen esperanza» (1 Ts. 4, 13), pues de lo contrario nos perderemos en nuestro dolor y no levantaremos la cabeza para ver que hemos llegado a la orilla. El duelo con esperanza significa llorar con el conocimiento de que nuestro dolor agudo es temporal y que es pasajero. A medida que pasan las semanas y los meses, las escenas y los temas de nuestros pensamientos de duelo deben cambiar. A medida que nos afligimos, es posible que volvamos a visitar diferentes momentos y aspectos de nuestra relación con el objeto de nuestra pérdida; nuestra mente busca un cierre. Es posible que nos sintamos culpables por ello; no obstante, hacer el duelo con esperanza es aceptar que está bien y es saludable obtener un cierre.

Hay un movimiento en nuestro duelo: una progresión que nos lleva a una conclusión. Esa conclusión es un lugar de aceptación y paz: la aceptación de que lo que ocurrió realmente sucedió y no puede ser revertido. Como resultado de esta aceptación, se establece una paz, nacida de la comprensión de que hemos sobrevivido a la pérdida y que cualquier pérdida o dolor en este mundo no tendrá importancia o poder en el Reino de Dios.

Cada persona hace su duelo de forma diferente. No hay una forma incorrecta de hacer el duelo, siempre que se haga con esperanza y con el deseo de seguir adelante. No todo el mundo pasa por las etapas del duelo en el mismo orden. Algunos pueden necesitar llorar varias veces al día durante meses. Una sola lágrima para una persona puede ser el equivalente a un mes o años de lágrimas en otra. El duelo también adopta muchas otras formas, además del derramamiento de lágrimas: las visitas al cementerio, la visita a un lugar en el que ocurrieron cosas dolorosas, llevar un diario sobre algo por lo que pasamos, hablar sobre lo que pasamos y procesar la experiencia pueden ser todas formas de duelo. Uno puede elegir hacer el duelo solo o buscar la orientación de otra persona, como nuestro padre espiritual o un consejero que sea sensible a nuestra fe.

El duelo es un trabajo, y requiere un esfuerzo continuo. No queremos estancarnos. El duelo puede complicarse, como cuando parece que estamos atascados en una determinada etapa del duelo o nuestro dolor no parece disminuir. A menudo, el duelo complicado se produce porque hay algún aspecto del duelo que nos falta o que no hemos procesado. Por ejemplo, si una persona tuvo un padre o una madre que sufría de alguna adicción u otra dificultad, probablemente experimentó una inversión de roles, en la que a veces, como niño, tenía que cuidar del padre. Cuando ese progenitor muere, la persona experimenta muchas capas de dolor. Una de las capas que puede pasar desapercibida y, por lo tanto, quedar sin duelo, es la sensación de haber perdido a un hijo, no solo a un padre. El hijo era el cuidador y puede sentir culpa o fracaso por no haber salvado o cambiado a su padre adicto o con problemas.

Para sanar adecuadamente de un acontecimiento, de modo que no nos afecte negativamente, necesitamos hacer el duelo completo. Nos esforzamos por exprimir la mayor cantidad de emociones del suceso para poder seguir adelante, de la misma manera que uno escurre toda el agua de un paño antes de dejarlo a un lado. Hacemos esto para evitar que la pérdida nos arruine el resto de nuestra vida.

Cuando hemos llegado a las últimas etapas del duelo, podemos notar que la intensidad de nuestro dolor disminuye. Puede que derramemos lágrimas menos veces en un día o en una semana. Empezamos a ocuparnos más del presente, ya que nuestra mente ha asimilado la pérdida en el contexto más amplio de nuestra vida en este mundo. Empezaremos a notar que el sol brilla un poco más. Nuestros corazones se sentirán más ligeros, y la alegría y la paz podrán instalarse más fácilmente en nosotros. Tendremos más energía para amar, para esperar y para estar en el momento presente. De hecho, el duelo es el trasfondo de nuestra sanación, y es el valle que debemos atravesar para poder participar en los otros aspectos de nuestra sanación.

Comprender y resolver la ira

A MEDIDA QUE AVANZAMOS HACIA la resolución de una experiencia dolorosa del pasado, podemos encontrarnos con la ira que no se procesó en el momento del suceso o durante el periodo inmediatamente después. Cada uno de nosotros puede encontrar esta ira en una etapa diferente durante nuestro proceso de abordar una experiencia pasada. La ira puede haber aparecido incluso antes de que comenzara el trabajo de sanación. Para algunos, puede ser más significativa que para otros. Algunos pueden experimentar episodios de furia desencadenados por algo en el presente que activa el miedo, el dolor o la ira no resueltos del pasado. Otros pueden no sentir ira, o muy poca. Sin embargo, para algunos, una reserva de ira hierve bajo la superficie.

La ira no siempre se expresa, por muchas razones diferentes. La sociedad y nuestra fe no aprueban las expresiones externas de ira, especialmente en presencia de otros. Esto es prudente y contribuye a la protección de los demás. No debemos dar rienda suelta a nuestras pasiones.

Algunas personas no se permiten experimentar o procesar la ira, ni siquiera de forma adecuada, debido a la vergüenza. La vergüenza puede hacernos sentir que no somos dignos de sentir ira. En esencia, creemos a un nivel profundo e incluso inconsciente que nuestros sentimientos no importan realmente, y como resultado, acabamos reprimiéndolos. Esto nos lleva a acumular un gran resentimiento.

La ira reprimida puede provocar sentimientos de depresión. También puede provocar síntomas somáticos como dolores de cabeza, de espalda, de articulaciones o tensión general. A menudo, pero no siempre, la depresión en los adolescentes es, en realidad, la ira volcada hacia el interior. Si queremos curarnos de la ira, ésta debe surgir y salir al exterior mientras trabajamos deliberadamente para resolverla. La ira reprimida —la ira que no se procesa con la intención de liberarse de ella— explotará por todos lados.

Los que luchamos contra la ira podemos no tener la reputación de ser una persona iracunda. De hecho, podemos estar seguros de que somos tranquilos y pacíficos y que no llevamos ira en el corazón. Al fin y al cabo, nunca estallamos contra los demás. Incluso podemos estar bastante orgullosos de nosotros mismos por no mostrar ira. Sin embargo, la ira tiene muchas manifestaciones además de la expresión directa y externa.

El comportamiento pasivo-agresivo es una de esas manifestaciones: es un comportamiento de enfado que se manifiesta de forma pasiva, pero que es igual de perjudicial para aquellos a los que va dirigido. Algunos ejemplos de comportamiento pasivo-agresivo son dar a los demás el tratamiento de silencio, retrasar u obstruir tareas o proyectos, el malhumor frecuente, el sarcasmo, el cinismo, la queja crónica y la negatividad. Es posible que siempre nos centremos en los aspectos negativos de una persona o situación. Misteriosamente, todas las personas de nuestra vida nos parecen injustas y decepcionantes. Encontramos poco o nada bueno en el presente, ya que lo vemos a través de la lente nublada del pasado.

Enfrentarse a la ira pasivo-agresiva de otra persona es muy confuso y puede ser bastante perjudicial. Cuando somos el objeto de la misma, percibimos que algo va mal, pero no estamos seguros de si viene de nosotros o del otro. Es lo suficientemente sutil como para que, aunque sintamos la frustración, sintamos que no podemos enfrentarnos a ella por miedo a ser percibidos como hipersensibles. La ira pasivo-agresiva también es más fácil de negar, lo que provoca una mayor confusión y frustración en la persona que la recibe.

La ira pasivo-agresiva suele salir porque no nos sentimos cómodos con nuestra ira. La reprimimos y se nos escapa de otras maneras. Podemos negar nuestra ira porque fue la emoción que más sufrimos a manos de un padre, por ejemplo. Cuando somos adultos, podemos decirnos a nosotros mismos que no queremos ser nunca como la persona que nos hizo daño y, como resultado, renegamos y reprimimos cualquier sentimiento o emoción que sea característico de ella.

Aunque esto parece noble y bien intencionado al principio, no es realista. Al negarnos a lidiar con nuestra ira o a trabajar para resolverla, podemos crear en los demás los mismos sentimientos que tanto hemos intentado reprimir en nosotros mismos. En nuestro intento de asegurarnos de no ser nunca como el que nos ha herido, acabamos recreando la situación de otra forma con los demás. Intentamos suprimir y negar nuestra ira solo para que se filtre o se manifieste como ira pasivo-agresiva.

Si sufrimos crónicamente la ira de otros y nos encontramos en algún momento con que nos enfadamos, no significa que nos hayamos vuelto como aquellos que nos hicieron sufrir su ira. La realidad es que la ira a veces sirve para algo. Puede ayudarnos a superar una situación; puede ayudarnos a conseguir el perdón, siempre y cuando la afrontemos, la procesemos y la abordemos con el objetivo de liberarnos de ella.

Nuestras propias expectativas son a menudo una fuente de nuestra ira. Las expectativas son construcciones rígidas o reglas que nos hacemos y a las que sometemos a los demás, a Dios y la vida en general. Muchas de estas expectativas son el resultado de experiencias vitales anteriores. Suelen tener un propósito, aunque disfuncional: pueden actuar como un mecanismo de defensa para asegurarnos de no volver a pasar por ciertas experiencias dolorosas.

Por ejemplo, es posible que vayamos por la vida esperando que otras personas sean perfectas, debido a experiencias vitales tempranas en las que las figuras principales nos decepcionaron. Cuando las personas hacen lo que la mayoría de la gente hace y muestran imperfecciones, nos enfadamos de forma desproporcionada, y podemos adoptar comportamientos de ira o emitir consecuencias desproporcionadas. En estos casos, en realidad no estamos respondiendo a la pequeña infracción ocurrida en el presente, sino a la experiencia no resuelta del pasado. Hasta que no nos ocupemos de la ira no resuelta de esa experiencia pasada, seguiremos luchando con la ira reprimida por las constantes infracciones percibidas en el presente.

La realidad es que una vez que dejamos de negar la ira que llevamos dentro y trabajamos para resolverla, podemos dejar de responsabilizar a las personas del presente por lo que ocurrió en el pasado. Entonces la lente a través de la cual vemos el presente se vuelve clara; ya no está teñida por la ira del pasado. Hasta que no nos demos cuenta de que el origen de estos comportamientos insanos es en realidad una experiencia pasada no resuelta, seguiremos confundiendo el pasado con el presente, y seguiremos sumidos en nuestro espíritu amargado y negativo. Dejar ir implica dejar atrás la ira, una liberación interior en forma de darnos permiso para seguir adelante y ser vulnerables.

Con el tiempo, llegaremos a un punto en el que estaremos dispuestos a sacar la ira original para que no perturbe más el presente. Como cristianos, esto puede parecernos contradictorio. Es comprensible, ya que se nos enseña a no dar rienda suelta a pasiones como la ira. No obstante, estos ejercicios de liberación de la vieja ira son constructivos, temporales, se realizan de forma controlada para que los demás no se estresen ni se sientan heridos y, en última instancia, nos llevarán a liberarnos del dominio de la pasión de la ira.

Puede que nos resulte útil hacer un juego de roles con nuestro sacerdote o un consejero como forma de sacar la ira, o podemos encontrar otra forma constructiva. Los sacerdotes y consejeros probablemente tendrán ideas para ayudarnos. A menudo no hacen falta demasiadas sesiones organizadas en las que expresemos o descarguemos deliberadamente la ira por algo del pasado para sentirnos más ligeros, más tranquilos y más libres. Incluso podemos observar mejoras en nuestra salud física. De repente, esos desencadenantes actuales ya no tienen el mismo efecto sobre nosotros, puesto que esa reserva de ira reprimida ya no existe.

Discernir entre el pasado y el presente

Después de haber discutido el aspecto experiencial de este trabajo de sanación, específicamente la resolución del dolor y la ira, es hora de discutir con más detalle los aspectos cognitivos. Como ya hemos comentado, los significados que asignamos a las acciones o palabras de los demás no siempre son precisos. Esto es especialmente común cuando el pasado se filtra en el presente. Aprender a separar el pasado del presente en las interacciones y acontecimientos cotidianos será de gran ventaja para nuestra vida espiritual.

Discernir entre el pasado y el presente será una parte continua de nuestro trabajo de sanación. Debido a las experiencias pasadas, podemos volvernos hipervigilantes ante la posibilidad de que nos hagan sentir como lo hicimos en esos momentos. Los acontecimientos que nos hacen sentir sentimientos del pasado y tener reacciones negativas basadas en el pasado se llaman *desencadenantes.* Los desencadenantes pueden adoptar la forma de una palabra, una interacción, un comportamiento, un género, personas de cierta edad, una decepción o un acontecimiento. Cuando nos encontramos con estos desencadenantes, experimentamos una poderosa reacción emocional que puede hacer que nos sintamos como en una experiencia vital difícil anterior.

Una interacción o palabra ambigua puede hacer que nos esforcemos por entender lo que se quiere decir, y podemos acabar intentando resolver la incertidumbre a través de la lente de experiencias pasadas. Tal vez algo de lo que se dijo o hizo nos recordó una experiencia pasada. Sin embargo, es probable que la persona de cuyas intenciones no estamos seguros no tenga ni idea de lo que hemos vivido o con qué estamos luchando. Es importante y útil ser capaz de ver la interacción a través de sus ojos. Cuando aprendemos a hacer esto, también podemos aprender a buscar la aclaración de una acción o palabra ambigua. A menudo, cuando nos esforzamos por buscar una aclaración, nos damos cuenta rápidamente de que la otra persona no quería decir o no pretendía lo que a nosotros nos parecía que quería decir. Entonces tenemos una oportunidad de aprendizaje; aprendemos que nuestra interpretación inicial estaba contaminada y distorsionada por el pasado. Como regla general, cuando tenemos una reacción emocional desproporcionada ante una situación, es muy probable que se esté produciendo una transferencia.

También debemos ser conscientes de los significados o valoraciones subyacentes que asignamos a los acontecimientos de nuestra vida. Esto se aplica tanto a las interacciones cotidianas como a los acontecimientos más importantes. Ciertos acontecimientos de la vida suelen provocar en nosotros sentimientos difíciles. Estos podrían incluir, por ejemplo, leer algo triste en las noticias; que los niños crezcan; que un miembro de la familia se vaya de viaje; que un ser querido tenga una dolencia temporal o leve o cualquier acontecimiento de la vida que indique un cambio.

Sin embargo, a veces nuestra lucha puede ser desproporcionada con respecto al acontecimiento. Podemos tener una reacción más extrema que nos debilite. En lugar de reaccionar con alarma o frustrarnos con nosotros mismos, podemos ver esos casos como una oportunidad. La reacción desproporcionada nos está revelando un área que necesita ser abordada. Un buen punto de partida es aprender a preguntarnos: «¿He sentido estos sentimientos antes?». Si lo hemos hecho, podemos seguir con la pregunta: «¿Cuándo es la primera vez que recuerdo haber tenido estos sentimientos?». La respuesta a esta pregunta a menudo puede llevarnos directamente a la fuente central de nuestra reacción desproporcionada. Entonces podemos centrarnos en ese acontecimiento específico no resuelto. Al hacer esto, nuestras transferencias o reacciones desproporcionadas a los desencadenantes en el presente disminuirán significativamente, si no desaparecen.

Por ejemplo, cuando crecemos en un entorno estresante, o más adelante en la vida, nos vemos sometidos a una experiencia en la que tenemos poco o ningún control, luchamos por sentirnos impotentes. Como ya hemos mencionado, podemos pasar el resto de nuestra vida con un miedo intenso a estar en una situación en la que nos percibimos impotentes. Cualquier cambio, acontecimiento o relación actual que implique lucha emocional o dolor puede hacernos sentir como si el acontecimiento original volviera a ocurrir.

En esencia, nos cuesta ver que los acontecimientos o cambios normales de la vida no son recurrencias traumáticas de pérdidas o acontecimientos dolorosos del pasado. Cognitivamente, con nuestros pensamientos, podemos decirnos a nosotros mismos que no es lo mismo y que no está sucediendo de nuevo. Sin embargo, estamos confundidos, porque emocionalmente sentimos que sí lo es. No podemos ver como normal ningún acontecimiento actual en el que percibamos impotencia.

La realidad es que muchos acontecimientos normales de la vida evocan sentimientos y temas de pérdida y auténtica impotencia. A medida que envejecemos y avanzamos por las etapas de la vida, hay cambios inevitables por los que todos debemos pasar. A medida que nosotros y nuestros hijos envejecemos, empezamos a sentir que se acerca el nido vacío. Somos impotentes para detener este cambio normal de la vida, y hay sentimientos y temas normales de pérdida asociados a él. Se trata de una pérdida normal. Estas experiencias normales de impotencia no son una amenaza y pueden aceptarse. De hecho, la impotencia es una realidad para nosotros en nuestra vida diaria.

No obstante, cuando aún no hemos realizado este trabajo de sanación, nos cuesta ver los cambios o pérdidas normales del presente independientemente de las heridas y experiencias dolorosas del pasado. Percibimos los acontecimientos actuales a través de la lente del pasado y somos incapaces de verlos como normales. Acabamos haciéndonos preguntas como: «¿Por qué estoy luchando tanto con esto?» o «¿Por qué me siento tan abrumado?».

Una vez que hemos separado el pasado del presente y hemos empezado a abordar y resolver los aspectos centrales de nuestras experiencias dolorosas pasadas, podemos empezar el proceso de

replantear nuestras percepciones y comprensiones de los acontecimientos normales del presente. El trabajo experiencial o emocional que hemos realizado permite que tenga lugar este trabajo
cognitivo. Podemos empezar a ver que, de hecho, vivimos con
impotencia a diario. También vemos que, a pesar de ello, no siempre ocurren cosas terribles. De hecho, la mayoría de las veces no
lo son. Empezamos a entender que la impotencia no es siempre
algo malo o negativo.

Quizás lo más importante es que aprendemos que son nuestras
percepciones de los acontecimientos de la vida, y las acciones
que tomamos como resultado de estas percepciones reformuladas, las que realmente nos llevan a no ser tan impotentes como
temíamos. Podemos elegir sentirnos impotentes y creer que no
tenemos otra opción que dejar que estos acontecimientos actúen
sobre nosotros, o podemos apoyarnos en ellos y empezar a explorar qué acciones saludables podemos tomar. En el caso de que se
produzcan cambios en la mediana edad o un nido vacío, podemos empezar a acogernos a estos cambios inevitables y aceptar-
los. Podemos ser creativos y empezar a planificar qué nuevas actividades podemos emprender. Podemos redefinir o ajustar nuestro
papel o propósito. También es posible que tengamos que cuestionar nuestras percepciones negativas de estos acontecimientos:
los escenarios que tememos a menudo no son realistas y es poco
probable que ocurran.

Lo más importante es que nuestra fe nos enseña que tenemos que soltar y no aferrarnos demasiado a nuestra vida en este
mundo. Si nos resistimos a los cambios normales de la vida actual
como consecuencia de un dolor no resuelto del pasado, podemos
terminar fácilmente obstaculizando el crecimiento de nosotros
mismos y de los demás. Podemos acabar negándonos a cooperar
con el plan de Dios, intentando congelar el tiempo y quedarnos

en este mundo para siempre. Estos acontecimientos normales de la vida que tienen temas de pérdida e impotencia se convierten en oportunidades para que practiquemos el dejar ir nuestra vida en este mundo y seguir adelante, abrazando el siguiente paso que Dios nos ha dado. De repente, empezamos a ver que, aunque todos vivimos con un cierto grado de impotencia, nuestra respuesta a esa impotencia nos da cierto control saludable. Siempre tenemos el don de Dios del libre albedrío y la capacidad de comprometernos y actuar.

También haríamos bien en reflexionar sobre el modo general en que nos vemos a nosotros mismos, a los demás, al mundo y a Dios. Cada uno de nosotros tiende a ir por la vida con una determinada disposición, la forma general en que percibimos y reaccionamos. Esta disposición tiende a desempeñar un papel importante en la forma en que interpretamos a las personas, las palabras y los acontecimientos. Es importante que seamos conscientes de ello.

Nuestra disposición está formada por creencias centrales y profundas que hemos desarrollado sobre nosotros mismos, los demás y el mundo. Estas creencias centrales o básicas, como se denominan en la terapia cognitivo-conductual, funcionan como la forma por defecto de interpretar la vida. Aprendemos nuestras creencias centrales a medida que crecemos y también a partir de las experiencias actuales. Nuestras creencias pueden modificarse y alterarse. Según las creencias que hayamos aprendido, podemos desarrollar una disposición combativa, defensiva, dura, agresiva, temerosa, insegura o pasivo-agresiva.

Las creencias centrales que determinan nuestra disposición suelen ser inconscientes. Al realizar este trabajo de sanación, tendremos que identificarlas y llevarlas al nivel consciente. Una vez que veamos cómo nuestras creencias centrales determinan nuestra disposición hacia los demás y los acontecimientos, seremos más conscientes de cómo afectan a nuestro pensamiento diario. Cuando identificamos las creencias centrales negativas que hemos aprendido sobre nosotros mismos, los demás, el mundo e incluso Dios, tendremos que empezar el proceso de revisarlas y reformularlas.

Un ejemplo de lo anterior sería alguien que creció en un hogar en el que sufrió abusos verbales o emocionales. Creció escuchando mensajes negativos sobre sí mismo de otras personas en relaciones clave, como sus padres. A nivel inconsciente desarrolló una percepción de sí mismo que se manifiesta en creencias centrales negativas como: «No soy bueno»; «Soy incompetente»; «No puedo hacer lo que otros hacen»; «Soy un fracaso»; «Desagrado a los demás». Estas creencias centrales negativas pueden conducir a una disposición que se manifiesta en suposiciones como: «Si me esfuerzo por ser lo suficientemente bueno, siempre podré complacer a los demás»; «A menos que tenga siempre éxito, seré un fracaso»; «Si no puedo complacer a los demás, entonces he fracasado»; o incluso: «No puedo acercarme a los demás, porque inevitablemente les decepcionaré». Estos son solo algunos ejemplos.

Estas creencias centrales y nuestra disposición se manifestarán además en pensamientos negativos como la autovergüenza. A medida que tomamos conciencia de estas creencias arraigadas y comprendemos cómo se formaron, podemos empezar a revisarlas para convertirlas en creencias más saludables. Podemos establecer creencias que estén más en línea con lo que Dios querría que tuviéramos. Podemos empezar a revisar esas creencias para convertirlas en creencias como: «No soy una mala persona», «Soy competente», «Puedo hacer lo que hacen los demás», «Puedo tener éxito», «Puedo ser un beneficio para los demás», «Me esforzaré mucho, pero no solo para complacer a los demás» y «No siempre puedo tener éxito, y eso no significa que sea un fracaso».

Cuando estas creencias son revisadas, ensayadas y realizadas, nuestra disposición comienza a cambiar. Esto permite que se produzcan nuevas experiencias que pueden reforzar las creencias revisadas. Llegaremos a imitar mejor la misericordia de Dios hacia nosotros mismos y hacia los demás, haremos más cosas por las razones correctas, nos sentiremos menos presionados y agobiados y sentiremos más alegría y paz. El modelo anterior puede aplicarse a cualquier experiencia significativa de la vida que nos haya impactado negativamente.

Además de las creencias centrales, tenemos miedos centrales. Estos miedos centrales pueden estar relacionados con cosas que tememos que sean ciertas sobre nosotros mismos, sobre los demás o sobre el mundo en general. Pueden ser conscientes o inconscientes. Los miedos inconscientes pueden influir poderosamente en nuestras acciones y comportamientos. El siguiente es un ejemplo para demostrarlo.

Una persona crece teniendo una relación tensa o conflictiva con uno de sus padres. A lo largo de la relación, ella recibió constantes mensajes negativos de su progenitor. Estos repetidos mensajes negativos han provocado inseguridades o miedos inconscientes muy arraigados que la persona lleva a lo largo de su vida adulta. En algún momento puede llegar a darse cuenta de que ha sufrido un miedo central de: «¿Y si mi padre o mi madre tenía razón sobre mí?». Entonces se da cuenta de que ha gastado mucho tiempo y energía intentando demostrarse a sí misma y a los demás que su progenitor no tenía razón.

Los comportamientos que resultan de este miedo pueden ser defensivos, como esforzarse demasiado, reaccionar de forma exagerada ante las situaciones, percibir amenazas donde no las hay y actuar de forma exagerada. Tal vez el progenitor haya violado constantemente los límites del menor y lo haya hecho sentir débil, vulnerable, incompetente, indigno, fracasado, siempre como si estuviera haciendo algo mal y como si hubiera algo malo en él. Luego, el niño mira hacia atrás en todas sus relaciones e interacciones y ve en todas ellas pruebas de este comportamiento defensivo. Este comportamiento tenía un propósito: demostrarse a sí mismo y a los demás que su padre o su madre no tenía razón, que de hecho él tiene límites, que es fuerte, competente, digno, que tiene éxito y que no hay nada malo en él.

Esta poderosa reacción defensiva ha afectado al menor y a sus relaciones. Darse cuenta del miedo central que impulsa sus acciones, aunque da que pensar, es liberador y abre la puerta al cambio.

Aplicar el conocimiento de estos conceptos mejorará en gran medida nuestra autocomprensión. Nos darán la conciencia y la dirección que necesitamos para empezar a procesar cualquier acontecimiento doloroso o negativo que hayamos experimentado. Así podremos comprender mejor cómo nos afectaron y comenzar el proceso de revisión y replanteamiento de los mensajes negativos.

Este trabajo cognitivo ayuda a revelar el origen central de nuestra lucha. En esencia, este conocimiento nos da la proverbial «X» en el mapa de nuestro trabajo de sanación. Nos dice dónde tenemos que profundizar y enfocar nuestro trabajo.

CAPÍTULO 5

Los frutos de la sanación

A MEDIDA QUE AVANZAMOS EN el proceso de resolución de
las experiencias dolorosas del pasado, es posible que nos
demos cuenta de que nos sanamos por capas o pasos. La resolución
de una de las luchas o problemas nos trae momentos de alivio, alegría y paz. Sin embargo, poco después podemos ver otra capa que
quedó expuesta al eliminar la anterior. No se puede acceder a una
capa o paso hasta que no nos ocupemos de la anterior. Cuando se
adquiere una comprensión, se despeja el camino para otras comprensiones. Muchos han utilizado el ejemplo de pelar una cebolla.
La pelamos en capas hasta llegar al núcleo. Para cada persona, el
núcleo puede ser diferente en función de sus experiencias.

A medida que ganamos en autocomprensión y autoconciencia,
y expresamos emociones que nunca tuvieron la oportunidad de
ser expresadas, comenzamos a ver nuestro pensamiento y comportamiento actual bajo una nueva luz. Somos capaces de ver que
ciertos pensamientos, formas de relacionarnos y comportamientos han sido contraproducentes tanto para nosotros como para los
demás en nuestras vidas. Se puede producir un desprendimiento
al descubrir los orígenes de estos comportamientos y formas de

relacionarse poco saludables. Ahora podemos ver esa forma de pensar y de comportarse que parecía tan correcta, tan automática y tan justificada por lo que es, que proviene del pasado y no del presente. Una vez que esta comprensión llega al nivel consciente, sentimos una liberación o un desprendimiento de esos comportamientos. Nos damos cuenta de que no hay un propósito funcional para nuestros hábitos de pensamiento y acción poco saludables.

Lo más importante es que, a lo largo de este proceso de sanación, se revela el origen de nuestras luchas y dolores. Esto nos permite poner nuestro enfoque y energía donde deben estar, lo que nos permite ver el presente bajo una nueva luz: como un tiempo y un lugar de esperanza, lleno de oportunidades para nuevas experiencias. Al separar el pasado del presente, podemos ver el presente y las personas que lo habitan con una nueva inocencia. Quizás hasta este momento habíamos visto el presente a través de la lente nublada del pasado, como algo inseguro y lleno de experiencias dolorosas repetitivas. De hecho, el presente es el momento y el lugar de la sanación.

Las siguientes secciones ofrecen una visión de lo que podemos experimentar al entrar en las últimas etapas de nuestro trabajo de sanación. Estas experiencias y los cambios resultantes en la relación con nosotros mismos, con los demás y con el mundo liberan energía y atención para que podamos vivir y amar más plenamente en el presente.

La eliminación de la vergüenza

LA VERGÜENZA, COMO UN MANTO de oscuridad y soledad, puede cubrir el alma. Pero hay una cura, una salida, una manera de dejar entrar la luz y permitirnos aceptar el amor. Esta salida no se encuentra en lo que recibimos de los demás, sino que empieza desde dentro. Debemos llegar a un punto en el que nos demos cuenta de que esta forma de vergüenza es insostenible; no podemos seguir viviendo con ella. Comienza con el compromiso de dejar de avergonzarnos a nosotros mismos y de identificar las fuentes de vergüenza en nuestras vidas. Cuando somos avergonzados repetidamente por otros, es como un virus que se descarga en nuestra mente, y aprendemos a avergonzarnos habitualmente. Sin embargo, una vez iniciado el proceso de sanación, tenemos que tomar la lente oscura de la vergüenza a través de la cual nos hemos estado viendo a nosotros mismos, al mundo y a los demás, y cambiarla por la lente de la afirmación y el amor de Dios.

Para algunos cristianos ortodoxos, esta autoafirmación es contraria a la intuición y puede provocar incongruencias. Algunos creen que para obtener humildad tenemos que rechazarnos a nosotros mismos y negarnos toda afirmación del yo. De hecho, para aquellos que no han sido avergonzados, o que sufren de orgullo y arrogancia, tal enfoque puede resultar medicinal. No obstante, para el alma que ha quedado marcada por la vergüenza, esa medicina sería devastadora. La persona que sufre de vergüenza necesita afirmación para ponerse a la altura del resto de la humanidad, como un hijo de Dios hecho a imagen de Dios. El que dispensa la medicina espiritual debe ser capaz de discernir cuándo la afirmación y el reconocimiento deben administrarse con fuerza o con ligereza.

Esto nos lleva a preguntarnos si la vergüenza nos hace humildes. Desde un punto de vista externo, puede parecer que sí. Si hemos sido avergonzados, podemos mostrar una gran humildad exterior en forma de estar callados y no hacernos valer, quedarnos en un segundo plano, disculparnos siempre y dejar que los demás vayan primero. Sin embargo, esa humildad nace de la creencia de que somos malos, estorbamos y no tenemos nada bueno que ofrecer. ¿Es esta una humildad sana? ¿No es una humildad sana la que se basa en el amor al prójimo, en tener alegría por servirle y no sentirse amenazado por sus éxitos? Si nos sentimos avergonzados, nos cuesta alegrarnos por el éxito de los demás, viéndolo como una prueba más de que nosotros mismos somos un fracaso. De hecho, una humildad basada en la vergüenza no es una humildad sana.

Así que ahora debemos cambiar la lente a través de la cual vemos, de la lente oscura de la vergüenza a la lente clara de la verdad y la realidad. Esta lente está hecha de la creencia y la aceptación de que, aunque no somos mejores que nuestro prójimo, ciertamente no somos peores. Somos hijos de Dios, hechos a su imagen y semejanza, y seguir avergonzándonos de nosotros mismos es estropear nuestra propia alma. Muchos verían la autolesión física como algo repelente; cuando nos avergonzamos de nosotros mismos estamos incurriendo en una autolesión emocional y espiritual.

Debemos ver que liberarnos del dolor de la vergüenza comienza en nuestro interior, con el compromiso de dejar de avergonzarnos. Debemos comprometernos a no afligirnos con autoafirmaciones negativas que nos avergüenzan. Debemos permitir una medida de misericordia y esperanza para nosotros mismos cuando cometemos un error. Debemos replantear las situaciones en las que cometemos un error para que reconozcamos nuestro error, sintamos un sano arrepentimiento y convirtamos inmediatamente ese arrepentimiento en acción, esperando la próxima oportunidad para corregirlo. La vergüenza nos mantendrá anclados en el pasado y nos impedirá ver nuestro potencial de cambio y crecimiento en el futuro.

Haríamos bien en recordar que Jesús nunca avergonzó a nadie, ni siquiera cuando se encontró con los de peor reputación. De hecho, hizo todo lo contrario. Cuando Jesús encontró a la mujer samaritana que tenía cinco maridos, y el que vivía con ella no era su marido, no la rechazó, ni se apartó de ella, ni la avergonzó. Ella era una mujer y una samaritana; Él era un hombre y un judío. Sin embargo, Jesús se sentó con ella en el pozo y dialogó con ella. Sin duda, ella se quedó atónita, y cuando los discípulos encontraron a Jesús allí, también se quedaron atónitos. El resultado de que Jesús no avergonzara a la samaritana fue transformador para ella. Al no reforzar la imagen negativa y vergonzosa que tenía de sí misma, reforzada por los demás, Jesús provocó un cambio en su corazón. Comenzó a tener esperanza, deseo y creencia de que podía ser diferente. Se convirtió en santa Fotina.

Lo mismo vemos cuando Jesús se encuentra con Zaqueo, el recaudador de impuestos. Zaqueo era despreciado por el pueblo debido a que colaboraba con los romanos y practicaba la extorsión. Sin embargo, cuando Jesús se encontró con él, una vez más, no lo avergonzó ni lo rechazó, sino que fue a su casa a cenar. De hecho, fue una gran afirmación de la persona, no del comportamiento. El efecto, como en el caso de la samaritana, fue transformador. Zaqueo se arrepintió, cambió y corrigió su vida, y pasó a ser un santo.

En tercer lugar, tenemos el ejemplo de la mujer sorprendida en adulterio. Estuvo a punto de ser apedreada hasta que Jesús reprendió a los que la condenaban. Jesús preguntó: «Mujer, ¿dónde están los que te acusaban? ¿Ninguno te ha condenado? ... Ni yo te condeno. Vete y, desde ahora, no peques más» (Juan 8, 10-11). Una vez más, Jesús la afirmó a ella pero no al pecado. La afirmó, no la avergonzó, pero sí le ordenó: «Vete y, desde ahora, no peques más». Jesús sabía que avergonzarla probablemente erosionaría cualquier creencia que ella tuviera de que era capaz de cambiar.

Jesús sabía que la vergüenza era un pobre motivador. Sabía que avergonzar a estas personas no solo era obviamente inconsistente con el amor de Dios, sino que solo reforzaría su ya negativa autopercepción y extinguiría cualquier esperanza de que pudieran cambiar y ser santos. Jesús dio a cada uno de los individuos algo que nadie más hizo: una creencia en sí mismos, que tenían el potencial de ser santos si solo estaban dispuestos a abandonar su comportamiento pecaminoso, lo cual hicieron. Esta lección se aplica a nosotros en la forma en que respondemos tanto a los demás como a nosotros mismos. Debemos seguir el ejemplo de Jesús y dejar de avergonzarnos a nosotros mismos con pensamientos y conversaciones con nosotros mismos negativos y comportamientos autodestructivos.

Ser sanado de la vergüenza también significa no permitir que otros nos avergüencen. De la misma manera que un alcohólico necesita evitar el alcohol, el que ha sufrido de vergüenza debe evitar las fuentes de vergüenza y estar preparado para establecer límites contra ellas. Para algunos esto puede parecer contradictorio. Algunos pueden creer que, en un intento de mantenerse humildes, deben dejar que los demás los avergüencen, creer en los mensajes de vergüenza y revolcarse en la creencia de que nada bueno puede salir de ellos mismos.

Tal creencia va en contra del modelo ortodoxo de arrepentimiento. San Juan Clímaco escribe: «Arrepentirse no es mirar hacia abajo a mis propios defectos, sino hacia arriba al amor de Dios; no es mirar hacia atrás con autorreproches, sino hacia adelante con confianza; es ver no lo que he dejado de ser, sino lo que por la gracia de Dios puedo llegar a ser».[*] También escribe: «El arrepentimiento es la hija de la esperanza y la negación de la desesperación».[†] En efecto, la vergüenza va en contra y socava el bendito proceso del

---

[*] Kallistos Ware, *The Inner Kingdom* (Crestwood, NY: St Vladimir's Seminary Press, 2000), 45.

[†] *Ibíd.*

que habla san Juan. Verdaderamente, la vergüenza es el camino de la desesperación y el rechazo de la esperanza.

Cuando sufrimos de vergüenza, a menudo hemos aprendido a utilizar a los demás como fuente de afirmación sobre nosotros mismos. Buscamos los elogios y la afirmación de los demás, pero incluso cuando los obtenemos, pasa poco tiempo antes de que el oscuro velo de la vergüenza vuelva a nublar nuestra mente y nuestro corazón. Al sanarnos de la vergüenza, debemos darnos cuenta de que ya no podemos asumir la responsabilidad de los sentimientos y comportamientos de los demás. Debemos aprender a soltar.

Una persona sana y equilibrada sabrá cuándo ha ofendido o perjudicado legítimamente a alguien y tomará las medidas necesarias para resolver y sanar la situación. Sin embargo, también puede identificar cuando no es culpable de una ofensa, y sabe que no debe asumir la responsabilidad o la culpa por la respuesta emocional irracional del otro. El que sufre de vergüenza crónica no distingue entre las dos situaciones. Si alguien en su vida está enojado, cree que es porque hay algo que no hizo o porque no controló la situación o la persona. De hecho, siempre debemos ser empáticos y compasivos con los demás, pero debemos llegar al punto en el que seamos capaces de decir: «Ya no permitiré que los estados de ánimo, las emociones, las opiniones y los comportamientos de los demás determinen mi sentido de culpa o inocencia». Llegar a este punto es alcanzar el punto de libertad en el que ya no tenemos el deseo o la necesidad de controlar las opiniones de los demás.

Si cuando éramos niños, nos culpábamos a nosotros mismos por sucesos sobre los que no teníamos control, tendremos que empezar a interiorizar la realidad de que no fue nuestra culpa, que no hicimos nada malo y que no hay nada malo en nosotros. Como ya se ha dicho, los niños, debido a su pensamiento egocéntrico, suelen asumir la responsabilidad de acontecimientos atemorizantes sobre los que no tienen ningún control. Esto se traslada a la edad adulta con creencias muy arraigadas de que, de alguna manera, deberíamos ser capaces de manejar lo inmanejable. Inevitablemente, nos preparamos para el fracaso percibido al intentar controlar lo incontrolable, lo que produce un profundo sentimiento de vergüenza. El que se enfrenta a esto tendrá que renunciar al nefasto papel de intentar controlar lo incontrolable y renunciar a la responsabilidad que nunca debería haber asumido.

La eliminación de la vergüenza puede implicar la devolución de la vergüenza a quien la originó. Esto no significa castigar, juzgar o confrontar. Significa darse cuenta de que, en realidad, hemos asumido la vergüenza que pertenece a otra persona. El niño suele asumir la vergüenza que debería pertenecer a los padres; como adultos, también lo hacemos. Lo vemos en las víctimas de agresiones sexuales u otros delitos, donde la víctima siente una profunda vergüenza aunque sea inocente y no haya hecho nada malo. Abandonar la vergüenza a menudo significa que tenemos que ponerla en algún sitio, no de forma vengativa, sino con el espíritu de poner todo en su sitio. Puede que necesitemos expresar algo de ira para poder seguir adelante. También debemos esforzarnos por acompañar esta eliminación de la vergüenza con el perdón.

Para aquellos de nosotros cuyo origen de la vergüenza se remonta a un acontecimiento de la infancia, poner la vergüenza en su sitio a menudo nos lleva a sentirnos como si hubiéramos sido absueltos de algún crimen por el que fuimos injustamente condenados hace muchos años. De hecho, la vergüenza puede ser como una prisión. Cuando por fin nos damos cuenta, tanto a nivel cognitivo como experiencial, de que lo que ocurrió hace muchos años no fue culpa nuestra, sentimos una liberación y una nueva libertad. Somos capaces de ir por la vida como un espectador inocente en lugar de como una persona culpable. Somos capaces de observar los acontecimientos de la vida y a los demás sin vernos como el centro y la causa de todo. Los acontecimientos negativos de la vida no ocurren porque seamos malos o porque no hayamos podido controlar la vida, y los estados de ánimo o el comportamiento negativos de otras personas no son nuestra responsabilidad.

Ahora somos libres de actuar desde el amor y el libre albedrío en lugar de hacerlo desde el miedo y el control nacidos del pensamiento egocéntrico y la autoculpación. Aprendemos que hay una diferencia entre ayudar a alguien y tratar de arreglarlo o controlarlo. Lo primero nace del amor y la compasión; lo segundo proviene de haber aprendido que nuestro trabajo era manejar lo inmanejable. Aprendemos que podemos intentar ayudar a otro, pero si el intento no tiene éxito, no constituye un fracaso por nuestra parte.

En el centro de estos nuevos entendimientos está el darse cuenta de que no fue mi culpa, no hay nada malo en mí, no soy la causa de las cosas malas que suceden y no tengo que tratar de controlar todo lo que me rodea ni soy responsable de los eventos sobre los que no tengo control. Parte de la eliminación de la vergüenza es no asociar la impotencia con nuestro propio fracaso o debilidad. A veces sentimos vergüenza por nuestra propia incapacidad. Tendremos que redefinir los significados que asignamos a los acontecimientos en los que fuimos o somos impotentes ante los hechos. Hablaremos más de esto en la siguiente sección.

Parte de deshacer y sanar la vergüenza es aprender a relacionarnos con nosotros mismos de una manera nueva. Si hemos tenido una disposición de vergüenza hacia nosotros mismos, tendremos que ponernos en pie de igualdad con el resto de la humanidad. Cada uno de nosotros es un hijo de Dios, hecho a su imagen y semejanza. Una cierta autoestima viene automáticamente con esa verdad. No somos peores que otros, pero tampoco somos mejores que otros.

Si nos hemos avergonzado de nosotros mismos con afirmaciones negativas, tendremos que empezar a revertirlas con otras afirmativas. Algunos ejemplos de autoafirmaciones para revertir las negativas son: «No soy una mala persona» o «Soy amado y merezco ser amado». Para cada persona, esas afirmaciones pueden ser diferentes.

Al leer esto, a algunos nos puede preocupar que esas afirmaciones de sí mismo puedan conducir al orgullo o a un ego agrandado. Es importante notar que si hemos sido afligidos por la vergüenza, estas afirmaciones de uno mismo no nos llevarán al orgullo. Serán espiritualmente medicinales. Estas afirmaciones nos llevarán a la esperanza, la esperanza de que podemos ser santos y agradar a Dios. Nos darán permiso para aceptar y abrazar el amor de Dios y ver nuestro potencial como hijos de Dios. También nos permitirán sentir la alegría y la paz de Dios que la vergüenza había estado reprimiendo.

La eliminación de la vergüenza resulta en un despertar. A medida que la presencia opresiva de la vergüenza se extingue y se disipa, despertamos a todas las cosas hermosas a las que habíamos estado dormidos debido al oscuro sueño de la vergüenza. Nos sentiremos con más energía. Nos sentiremos más capaces de vivir el momento presente. En general, todo se sentirá más ligero. La alegría y el buen humor nos llegarán más fácilmente. Sentiremos una mayor sensación de paz. Los días se sentirán más luminosos. Debido a la eliminación de la vergüenza, el amor fluye en ambos sentidos con mayor facilidad. Nuestra capacidad de amar no tiene límites y nuestra capacidad de recibir el amor de Dios y de los demás mejora notablemente. En esencia, al abandonar la vergüenza, nos hemos perdonado por crímenes y transgresiones que nunca cometimos, y nos hemos dado permiso para disfrutar de la vida que Dios nos ha dado.

Soltar el control

TAL VEZ POCAS COSAS PUEDAN interferir más en nuestra relación con Dios que la hipervigilancia y el exceso de control. La hipervigilancia fija nuestra mirada en amenazas que no se han materializado, y el exceso de control puede impedirnos ver la providencia de Dios. La hipervigilancia nos impide vivir el momento presente y ver la belleza y los dones que Dios nos ha dado. Esto incluye a nuestra familia, nuestros seres queridos y nuestro prójimo. La hipervigilancia también interrumpe nuestra vida de oración, ya que nos resulta difícil centrarnos completamente en Dios durante un periodo de tiempo significativo. Nuestra búsqueda del aparente control y de evitar la indefensión impulsa nuestra hipervigilancia. Superar esto significa aprender a soltar haciendo lo que tememos.

Una gran ironía es que tolerar la incertidumbre y estar en paz con nuestra propia impotencia significa tener el control. Hay un dicho en el campo de la consejería: «Haz lo que temes, y la muerte de ese miedo será segura». Cuando luchamos con una fobia, un miedo a algo específico, la única manera de superar ese miedo es exponernos gradualmente al objeto temido. Lo mismo ocurre con cualquier miedo en nuestra vida. En el caso de la hipervigilancia y el exceso de control, tememos no tener el control y confiar en que los demás hagan lo correcto. Para superarlo, debemos exponernos a situaciones en las que no tenemos el control y en las que tenemos que depender de otros. Aprendemos a aceptar estos escenarios temidos y a apoyarnos en ellos. Esto significará hacer las cosas de forma diferente, percibir los acontecimientos de forma diferente e interactuar con los demás de forma diferente a como lo hemos hecho en el pasado.

Cuanto más practiquemos el tolerar la incertidumbre, el no tener el control y el ser vulnerables ante los demás, más aprenderemos y experimentaremos que el desastre no siempre se produce en estos escenarios. Empezamos a desaprender lo que nuestras experiencias dolorosas nos enseñaron concretamente, que para evitar que volvamos a pasar por esa experiencia, debemos tener el control. Incluso cuando se producen situaciones en las que nos sentimos heridos o en las que ocurre algo negativo donde no tenemos el control, practicamos para darnos cuenta y decirnos a nosotros mismos que lo malo de nuestro pasado no está ocurriendo de nuevo. Utilizamos estos casos como oportunidades para aprender y crecer.

Por ejemplo, si crecimos con un padre o una madre que era demasiado crítico y nos humillaba, es posible que, en nuestra vida posterior, como mecanismo de afrontamiento, siempre tengamos el control en las relaciones e interacciones. Sin embargo, por mucho que lo intentemos, inevitablemente habrá situaciones en las que seamos objeto de críticas o evaluaciones negativas. En lugar de sentirnos como si la experiencia dolorosa original se repitiera, podemos decirnos a nosotros mismos: «No va a volver a ocurrir. Ya no soy un niño indefenso, y como adulto tengo la capacidad de hablar si es necesario, de poner límites si es necesario y de dar alternativas a la crítica si es infundada».

Si la crítica es constructiva, replanteamos la situación como algo de lo que podemos crecer y aprender. Nos recordamos a nosotros mismos que la experiencia temida no está ocurriendo de nuevo y que, de hecho, no hay humillación. También aprendemos que los demás no pueden recrear el pasado por nosotros porque estamos en un tiempo y lugar diferentes, con personas diferentes.

Solo nosotros podemos recrear el pasado a través de nuestras reacciones ante los demás. Cuando reaccionamos al pasado en el presente y confundimos a los del presente con los del pasado, podemos recrear los mismos escenarios que queríamos evitar.

Nos gusta cómo suena la expresión «soltar», pero es abstracta. Debemos preguntarnos qué significa exactamente, si queremos tener la oportunidad de conseguirlo. Soltar la hipervigilancia y el exceso de control significa exponernos a los mismos escenarios que tememos: no tener el control. En el centro de todo esto está el miedo a la impotencia. Uno de los frutos del proceso de sanación es aceptar nuestra propia impotencia. Nos damos cuenta de que no tenemos que temerla. Llegamos a un punto en el que podemos reflexionar sobre el hecho de que muchos acontecimientos positivos pueden haber ocurrido en nuestra vida cuando estábamos indefensos, y no solo los acontecimientos negativos que han consumido gran parte de nuestra atención y energía. De hecho, podemos darnos cuenta de que han ocurrido muchas más cosas positivas que negativas cuando no teníamos poder. Incluso podemos ver que los mayores regalos o acontecimientos de nuestra vida ocurrieron precisamente cuando menos los esperábamos y cuando éramos impotentes ante los hechos. Esto desafía la asociación negativa que tan a menudo hacemos con la impotencia como resultado de nuestras dolorosas experiencias vitales.

Finalmente, llegamos a un punto en el que vemos que el espacio de nuestra propia impotencia es precisamente el espacio donde Dios actúa, donde nos sorprende. Es aquí donde vemos más claramente la providencia y la actividad de Dios. Es realmente el espacio de los milagros. De hecho, Dios suele brindarnos los regalos más hermosos de la manera más inesperada cuando no tenemos poder ni control. Aceptar y hacer las paces con nuestra propia impotencia es el principal aspecto de la renuncia al control. En esencia, redefinimos la impotencia; en lugar de verla como una amenaza, la vemos como la sala de espera donde tenemos nuestros encuentros con Dios y su providencia. Si nos resistimos o recha-zamos este aspecto del proceso de sanación, nos alejamos inad-vertidamente del espacio donde podemos ver a Dios con mayor claridad. De hecho, nuestra propia necesidad de control nos ciega ante Dios y sus actividades.

Podemos experimentar que aceptar y estar en paz con nuestra propia impotencia mejora enormemente nuestra vida de oración. Vemos que nuestras oraciones son menos ansiosas, más relajadas y más tranquilas. Nuestra propia necesidad de control ya no nos dis-trae ni nos estorba. Descubrimos que cuando vamos a una habita-ción tranquila, nos sumergimos en el desierto que llevamos dentro y dirigimos nuestra mente y nuestro corazón a Dios, se abre un camino claro entre nosotros y Dios. Una simplicidad se instala en nuestra vida espiritual. La habitación en la que nos sentamos con Dios se vuelve más organizada y libre de desorden. Es un lugar tranquilo; escuchamos su voz con más facilidad, mientras la está-tica de la preocupación se desvanece. Por fin sabemos lo que sig-nifica no sentir que tenemos que estar incesantemente conectados al mundo, estando al tanto de todo lo que ocurre a nuestro alre-dedor. Experimentamos una nueva libertad en la oración. Ya no se siente como una tarea o una herramienta que utilizamos para controlar los acontecimientos de nuestra vida.

Vivir con esperanza y no con expectativas

UN GRAN SERVICIO QUE PODEMOS hacernos y hacer a los demás en nuestra vida es aprender a convertir nuestras expectativas en esperanza. Las expectativas son una gran fuente de dolor y agra-vio, tanto para nosotros como para los demás. Una expectativa consiste en una idea inflexible, hecha por uno mismo, que traza de antemano lo que los demás deben hacer, sentir o ser. Gran parte de nuestra frustración en la vida proviene de las expectativas. Vivir con expectativas en lugar de con esperanza también puede ser una fuente importante de ira. Las expectativas deben ser deconstruidas y reformuladas en forma de esperanza. Para ello, primero tenemos que aprender de dónde vienen nuestras expectativas. Muchas de ellas se aprenden de diversas fuentes, pero nos centraremos en las expectativas que se forman en respuesta a una experiencia.

Cuando crecemos con necesidades crónicas insatisfechas, podemos aprender a mirar a los demás en el presente para satisfacer esas necesidades. Esto suele conducir a expectativas poco realistas de los demás. No solo resulta en una decepción constante para nosotros, sino que también conduce a sentimientos de inadecuación y vergüenza en el otro. Responsabilizar a alguien en el presente por algo que otro hizo en el pasado no es razonable ni justo para esa persona. Por ejemplo, si crecimos sin recibir la afirmación de nuestros padres, es posible que vayamos por la vida buscando y esperando constantemente la afirmación de los demás. Los demás no tienen forma de saberlo y, por tanto, no cumplen esas expectativas. Como resultado, reaccionamos a estas expectativas no satisfechas con dolor y rabia. En esencia, nuestras expectativas nos preparan para ser revictimizados, excepto que nos estamos victimizando a nosotros mismos.

Otro ejemplo es si tuvimos padres que realmente no cumplieron su función de padres. Tal vez ellos tampoco recibieron una crianza adecuada y por eso no supieron dársela a sus hijos. En tal caso, es posible que vayamos por la vida adulta buscando que otros nos sirvan de padres de diversas formas. Esto conduce inevitablemente a unas expectativas poco realistas que los demás son incapaces de cumplir. De nuevo, acabamos revictimizándonos y sintiéndonos repetidamente abandonados, rechazados y resentidos.

También podemos tener expectativas poco realistas sobre la propia vida. Si crecimos en un hogar difícil o tuvimos una infancia caótica o traumática, podemos desarrollar expectativas poco realistas sobre cómo debería ser el resto de nuestra vida. Puede que definamos el éxito como el hecho de asegurarnos de no volver a experimentar lo mismo que cuando crecimos. Podemos sentir que hemos sufrido lo suficiente y esperar que Dios nos conceda un resto de vida pacífico, tranquilo y sin sobresaltos en este mundo. Desarrollamos expectativas rígidas de que todo debe ser siempre perfecto, sin imprevistos, porque si algo malo sucede, entonces sentimos como si nuestra vida temprana estuviera sucediendo de nuevo. En esencia, podemos volver a traumatizarnos con expectativas poco realistas. Cuando surgen las inevitables pruebas o tribulaciones o cuando la vida no sale como queremos, somos incapaces de replantearlo, y le asignamos el significado de que estamos reviviendo de nuevo el pasado.

También vemos cómo nuestras experiencias de vida pueden llevarnos a desarrollar expectativas poco realistas sobre nosotros mismos. En un intento de asegurarnos de no volver a vivir experiencias dolorosas del pasado, esperamos ser capaces de controlar lo que no podemos, es decir, la vida misma, otras personas y los acontecimientos. Incluso podemos definir nuestro éxito o nuestra autoestima en función de nuestra capacidad para controlar y evitar que ciertas experiencias se repitan. Sin embargo, al hacer esto, estamos tratando de manejar lo inmanejable. Esto puede conducir rápidamente al desánimo, la vergüenza y los sentimientos de depresión.

Un ejemplo es si crecimos con un padre o una madre que era imposible de complacer y que se enfadaba frecuentemente con nosotros. En respuesta a esa experiencia, desarrollamos la expectativa de que mientras complazcamos a los demás, nadie se enfadará con nosotros. Esta expectativa no es realista porque la realidad es que, inevitablemente, algunas personas se enfadarán con nosotros de forma injustificada. Cuando se producen estos incidentes, podemos sentir que no se han cumplido nuestras expectativas, que el otro no ha cumplido su parte del «trato» y que hemos fracasado. Tenemos la expectativa de que, si podemos controlar los estados de ánimo y los sentimientos de los demás complaciéndolos, podemos estar a salvo. Cuando esa expectativa no se cumple, sentimos lo mismo que sentimos en la experiencia original y nos sentimos revictimizados. Muchas de nuestras expectativas son de naturaleza protectora; no obstante, en última instancia, a las personas de nuestra vida se les hace pagar por los fracasos y pecados de los demás.

Algunas expectativas pueden nacer del orgullo, el ego o el narcisismo. Cuando nuestro propio orgullo o narcisismo no se mantiene bajo control, podemos desarrollar expectativas que no son sanas y que acabarán haciéndonos sufrir. Podemos esperar adoración y alabanza y luego resentirnos cuando vemos que otros la reciben. Podemos esperar que los demás fortalezcan nuestro débil ego halagándonos constantemente o adulándonos. Podemos esperar que los demás no tengan necesidades propias, de modo que todos sus esfuerzos sean para ayudarnos.

Algunas expectativas pueden ser el resultado de que repudiemos o proyectemos en los demás rasgos o aspectos que vemos en nosotros mismos y que no nos gustan. Este tipo de expectativas nacen cuando, en lugar de hacernos responsables del cambio, hacemos responsables a los demás. Por ejemplo, podemos sentir en algún nivel, incluso inconscientemente, que estamos excesivamente dependientes o demandantes, y en lugar de aceptarlo y trabajar en ello, nos negamos a verlo en nosotros mismos. Entonces nos volvemos intolerantes con ese rasgo en los demás, y nos encontramos con una reacción negativa especialmente fuerte ante él. Esperamos que los demás no tengan ese rasgo, y nos molesta especialmente porque, sencillamente, nos recuerda a nosotros mismos. Aunque este tipo de expectativas no son el resultado de una respuesta a una experiencia, son dignas de mención.

Ahora que hemos identificado de dónde provienen muchas de nuestras expectativas problemáticas, es hora de cambiar nuestro enfoque para reemplazar esas expectativas con esperanza. La esperanza es mucho más saludable. Donde las expectativas son rígidas, la esperanza es flexible. Donde las expectativas son implacables, la esperanza perdona. Donde las expectativas conducen a la fragilidad, la esperanza conduce a la resiliencia. Donde las expectativas conducen a repetidos contratiempos en nuestra vida espiritual, la esperanza nos permite navegar por las decepciones de la vida sin perder terreno. Cuando sustituimos nuestras expectativas por la esperanza, estamos abriendo para nosotros un manantial de humildad. Las expectativas suelen nacer del orgullo, mientras que la esperanza nace de la humildad.

La esperanza podría definirse como un deseo pacífico y suave o un anhelo suave. San Pablo, en 1 Corintios, al describir la gran virtud del amor, afirma que el amor «todo lo espera» (13, 7). El amor tiene esperanza, no expectativas. Las expectativas y el amor son incompatibles. Si vivimos de acuerdo con las expectativas, nuestras rígidas normas autoimpuestas limitarán nuestra capacidad de amar. En esencia, terminamos atando y encadenando a los demás con nuestras expectativas, a menudo forzándolos a entrar en un molde que fue hecho como resultado de las acciones de otros. ¿Cómo podemos amar verdadera y plenamente si estamos encadenando a los demás con nuestras expectativas? En efecto, el amor y la esperanza van de la mano.

Cuando reformulamos nuestras expectativas para convertirlas en esperanza, hacemos las paces por adelantado. Esta paz dice: «Tengo esperanza de que mi vida vaya así, pero me doy cuenta de que puede que no». La esperanza implica aceptación, una ampliación del margen de error en nuestra vida. Los demás sentirán la presión de las expectativas que tenemos de ellos, pero nunca estarán estresados por nuestras esperanzas en ellos. Mientras que las expectativas insatisfechas conducen a la ira y el resentimiento, una esperanza insatisfecha toma un camino más amable. Puede implicar cierta decepción o incluso dolor, pero uno pacífico, que es menos destructivo para nosotros y para los demás y que, en última instancia, conduce a la resiliencia. Con una esperanza insatisfecha, no nos revictimizamos ni nos retraumatizamos, ya que no tenemos expectativas.

Las expectativas hacen que arrojemos nuestra cruz y esperemos que los demás la lleven por nosotros, aunque ellos tengan sus propias cruces que llevar. La esperanza, y la aceptación que contiene, carga la cruz por nosotros, y aunque anhelemos un tiempo en el que se sienta más ligera, la aceptamos por lo que es en el presente.

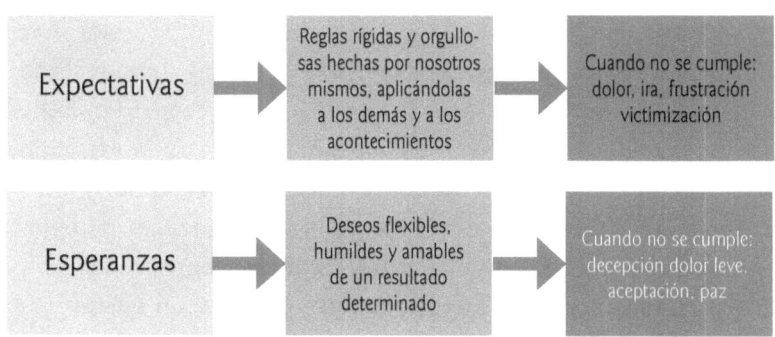

Ilustración 4. Expectativa versus esperanza

La esperanza nos permite replantear las experiencias negativas cuando se producen. Nos permite procesar una experiencia no deseada de una manera más saludable. La esperanza nos permite decir: «No quería que esto ocurriera, pero ocurrió; ahora, ¿qué voy a hacer al respecto?». Nos permite ver la situación difícil o el desafío como una oportunidad para crecer y aprender.

El perdón

EN MEDIO DEL TRABAJO DE sanación, podemos encontrarnos con la pregunta: ¿cómo nos sentimos respecto a nuestra pasada experiencia dolorosa o a la persona responsable de ella? Todo duelo incluye una etapa de ira, pero no queremos quedarnos estancados en ella. Cuando hayamos sentido ira, tendremos que encontrar el perdón. El perdón es el camino que nos lleva a salir de la ira. El perdón es el lugar de luz y paz en el que nos encontramos después de haber atravesado el valle del dolor.

A veces, la búsqueda del perdón puede ser confusa. Podemos llegar a un punto en el que sabemos que hemos perdonado a alguien que fue responsable de algún acontecimiento doloroso o traumático en nuestro pasado, para luego darnos cuenta de que todavía luchamos con los efectos de sus acciones o inacción. Intentamos perdonar, pero nuestras luchas, interacciones y emociones resultantes de esa experiencia nos recuerdan a diario lo que ocurrió. Incluso en las últimas etapas de la sanación, suelen persistir desencadenantes residuales que nos hacen retroceder temporalmente, pero a menor escala. Incluso podemos encontrarnos luchando por no asociar ciertas experiencias con determinadas personas o con personas que poseen ciertos rasgos. Esto puede tener enormes implicaciones para nuestra capacidad de perdonar.

¿Puede producirse el perdón antes de lograr la sanación completa? La respuesta es sí. Aunque las luchas residuales persistan, podemos perdonar. Tal vez sea incluso una de las formas más elevadas de perdón. ¿No es este el tipo de perdón que Cristo extendió en la Cruz? Durante la crucifixión, Jesús exclamó: «Padre, perdónalos, porque no saben lo que hacen» (Lucas 23, 34). Jesús extendió el perdón a pesar de que estaba siendo crucificado.

Podemos alcanzar más fácilmente este tipo de perdón cuando tenemos cierta comprensión de por qué el otro se comportó de la forma que lo hizo. Tal vez incluso nos demos cuenta de que el que nos hirió nunca tuvo la oportunidad de sanar, pero nosotros sí. De repente se nos abre una puerta. No es una puerta que *tengamos* que atravesar, pero si nos atrevemos a pasar por ella, podemos dar un paso importante en nuestra propia theosis. Decidimos hacer el duelo por el otro que nunca llegó a hacer por sí mismo. Lo hacemos por amor. Si decidimos atravesar esta puerta, el camino del perdón se abre de par en par. Es importante señalar que este tipo de perdón no siempre es posible para todos. Si nos cuesta, no debemos avergonzarnos por ello. Lo más importante es estar en el proceso del perdón, desearlo, perseguirlo y no quedarse atascado en la ira y el resentimiento.

El perdón es un proceso, no un acontecimiento instantáneo. ¿Qué hacemos cuando perdonamos a alguien, pero seguimos sintiéndonos inseguros a su alrededor? Esto puede llevarnos a una gran confusión. ¿Los he perdonado o no los he perdonado? Cognitivamente, intelectualmente, he perdonado, pero mis sentimientos me dicen que no. Esto es completamente normal. Significa que tenemos memorias emocionales que necesitamos abordar, y esto lleva más tiempo. Si no abordamos los recuerdos emocionales, el peligro espiritual es que el miedo persista. Cuando el miedo persiste, la ira y el resentimiento no tardan en aparecer.

Cuando perdonamos, renunciamos al control y bajamos nuestras defensas. Nos abrimos a ser vulnerables. Estamos decidiendo no vivir más controlados por el daño que ocurrió. Estamos decidiendo que no queremos desperdiciar más tiempo dejando que la ira y el dolor definan esta vida y el tiempo que Dios nos ha dado. Esta es una posición de fuerza, no de debilidad, porque estamos decidiendo no dejar que ese desvío particular nos retrase más en nuestro camino hacia la theosis.

Sin embargo, al ser vulnerables, no hay garantías de que no nos vuelvan a herir. Es importante que tomemos nota y recordemos que si nos vuelven a herir después de perdonar a alguien, eso no significa necesariamente que el pasado se repita. De hecho, cada vez que nos hieren podemos aprender a ver estas situaciones inevitables como una oportunidad para responder de forma más saludable, para practicar el ser herido sin sentirnos traumatizados. Podemos practicar no dejar que la experiencia hiriente nos defina; podemos elegir ejercer el poder del perdón y manifestar el amor de Dios.

También es importante abordar los significados subyacentes que asignamos al mal real o percibido. Los significados que asignamos a las acciones o palabras de los demás no siempre son precisos. Abordar estos significados subyacentes debería ser el primer paso en el proceso de perdón. Puede haber ocasiones en las que sintamos que se ha cometido un mal contra nosotros, pero en realidad no es así. Podemos descubrir que no había o no hay nada que perdonar. Puede que hayamos vivido con ira por un mal percibido durante meses o años, solo para descubrir que las cosas no eran lo que parecían inicialmente. El trabajo de sanación limpió la lente a través de la cual percibimos nuestra vida cotidiana y nos permitió ver a las personas, los acontecimientos y las interacciones de una manera más precisa y saludable. Ya no vemos la vida a través de una lente nublada por el dolor y la ira.

Cuando hemos vivido un acontecimiento doloroso en el pasado debido a las acciones de otra persona, en algún momento de nuestro trabajo, puede resultarnos útil hacer una exploración sobre por qué la persona era como era. Las respuestas a estas preguntas nunca justifican lo que ocurrió, ni hacen que todo lo que pasó esté de repente bien. No obstante, pueden convertirse en una fuente de compasión que puede ayudar a impulsarnos hacia el verdadero perdón.

Esta comprensión también puede ayudarnos a darnos cuenta, creer y aceptar que lo que la otra persona hizo o dejó de hacer no fue culpa nuestra. Por ejemplo, si hemos tenido un padre o una madre que no ha sido capaz de mostrar amor o un comportamiento cariñoso, puede que en algún momento nos preguntemos por qué fue tan difícil para ellos ser un padre normal. Esto puede llevarnos a la propia familia de origen de nuestros padres, a su infancia y crianza. Puede que nos enteremos de que sufrieron las mismas experiencias mientras crecían que luego infligieron a otros. Tal vez sufrieron a manos de sus padres o de otra persona. En esencia, el sufrimiento que recibimos a manos de ellos fue el resultado de sus propias heridas no atendidas. Aprendemos que lo que sufrimos no se debió a ningún defecto en nosotros. Esta comprensión es la clave para ayudarnos a perdonar.

Es posible que también tengamos que perdonarnos a nosotros mismos. Esto es especialmente cierto si nos culpamos a nosotros mismos y pasamos años castigándonos por errores que no cometimos. También es posible que tengamos que perdonarnos por no haber sido capaces de controlar lo incontrolable. Este perdón se basa en la comprensión de que lo ocurrido no fue culpa nuestra y, por tanto, nunca fuimos responsables de ello.

Antes de o durante nuestro trabajo de sanación, hay veces en las que podemos haber tomado decisiones influenciadas por el dolor del pasado. Esto puede implicar la automedicación o momentos en los que reaccionamos ante alguien en el presente como si fuera alguien del pasado. Tendremos que perdonarnos por estos sucesos y darnos algún crédito por comprometernos a resolverlos a través del trabajo de sanación. Si nos castigamos con la vergüenza por los errores del pasado, solo nos estamos infligiendo dolor emocional, lo que nos hará retroceder. En efecto, tenemos que hacernos responsables; sin embargo, una vez que hayamos obtenido el perdón de quienes puedan haber sufrido nuestras heridas, tenemos que mostrar misericordia hacia nosotros mismos y perdonarnos. Podemos ganar confianza en esto al saber que estamos haciendo el trabajo para detener los ciclos o patrones en nuestras vidas que afectaron a otros.

Convertirse en el sanador de la familia: Ver nuestro trabajo de sanación en el contexto más amplio del dolor generacional

Cuando nuestras experiencias dolorosas se produjeron en nuestra familia de origen, puede existir una disfunción generacional que se haya transmitido. Podemos descubrirlo cuando exploramos por qué la persona que nos hirió hizo lo que hizo. Simplemente preguntando a los miembros de la familia o reconstruyendo las historias que hemos escuchado a lo largo de los años, a menudo podemos ver un patrón del mismo comportamiento que se extiende a lo largo de las generaciones: un legado triste y trágico en el que ninguna generación comienza el proceso de sanación, sino que vuelve a representar lo que se le hizo a la siguiente generación. Esto es especialmente evidente en las familias plagadas de conflictos, abusos o adicciones. Si la generación anterior a la nuestra nos ha hecho daño, por ejemplo, un padre o una madre, podríamos ver que el comportamiento dañino no empezó con ellos, sino con las generaciones anteriores. Esto no disminuye su responsabilidad, pero puede ayudarnos en el proceso de perdón y a reducir la autoculpación.

La influencia de lo que permanece inconsciente en nosotros puede ser poderosa. A veces no basta con tener la intención de no volver a actuar sobre la siguiente generación. Las intenciones son importantes, pero sin la comprensión y la profunda conciencia de uno mismo que se derivan del trabajo de sanación, podemos encontrarnos con que estamos repitiendo los mismos patrones de relación con los que crecimos. Puede ser útil obtener la ayuda de quienes nos rodean, como un cónyuge o un amigo. Podemos contarles nuestras intenciones u objetivos y pedirles que nos avisen si nos ven caer en reexperimentaciones. Esto requerirá cierta humildad por nuestra parte, ya que estamos invitando a los demás a que nos den su opinión. Esto supondrá un reto para nuestra capacidad de mirar hacia dentro y ver aspectos de nosotros mismos que estaremos tentados de rechazar y negar. Sin embargo, si somos capaces de percibir la retroalimentación como una oportunidad, no como una amenaza, y de procesarla de manera objetiva, entonces solicitar la ayuda de otros de esta manera puede ser una herramienta eficaz para evitar que nosotros mismos transmitamos el dolor familiar.

En la teoría de los sistemas familiares, existe una herramienta útil llamada genograma. En principio, un genograma parece un árbol genealógico. Sin embargo, es mucho más que eso. No solo muestra las generaciones de una familia, sino también la presencia de adicciones, conflictos, luchas y abusos mediante el uso de diversos símbolos y líneas de conexión. También muestra cómo interactúan los miembros de la familia entre sí. En esencia, el genograma cuenta la historia de la familia.[*]

---

[*] Para más información sobre los genogramas y diagramas de muestra, véase https://www.genopro.com/articles/

Cualquiera puede construir un genograma y ver una representación visual del dolor generacional que se ha transmitido. Podemos ver nuestra vida en el panorama más amplio de las generaciones de nuestra familia. Para aquellos de nosotros cuyo genograma muestra abuso, conflicto u otras luchas, tenemos una motivación adicional. Podemos convertirnos en ese cuadrado o círculo del genograma familiar que no está marcado o sombreado, el signo de alguien que decidió que la disfunción o el dolor no se repetiría a través de ellos.

Curiosamente, el origen del dolor generacional puede haber sido un acontecimiento histórico. Se ha escrito mucho sobre cómo el Holocausto hizo que el dolor generacional se transmitiera de los supervivientes directos a las generaciones siguientes. Antes del suceso, puede que no hubiera ninguna disfunción o dolor significativo en la familia. No obstante, cuando los supervivientes volvieron a sus vidas después del suceso, se percibieron a sí mismos, a los demás y al mundo de forma diferente. Esto da lugar a cambios en los comportamientos que se manifiestan en la crianza de los hijos. Esta nueva forma de relacionarse con el mundo se transmite y se aprende en la siguiente generación.

Los supervivientes de un trauma también pueden haber recurrido a formas de automedicación en un intento de hacer frente a su experiencia. Esto puede dar lugar al inicio del alcoholismo u otra adicción que puede abarcar varias generaciones. Podemos ver esto después de las guerras o de cualquier evento traumático a gran escala. A los supervivientes de la Primera Guerra Mundial se les suele llamar la generación perdida. No eran los mismos cuando volvieron. Esto afectó a su crianza, que a su vez afectó a la crianza de sus hijos cuando fueron padres. De hecho, un acontecimiento histórico que parece tan lejano a nosotros, que parecía afectar solo a nuestros abuelos o bisabuelos, puede adquirir una nueva relevancia para nosotros. Podemos empezar a ver que la historia de nuestra propia vida se vio directamente afectada por un acontecimiento histórico del que solo aprendimos en la escuela y que parecía tan lejano a nosotros.

Independientemente de la causa o fuente original del dolor generacional, cada generación tiene el potencial y la vocación de ser la que detenga la disfunción, inicie el proceso de sanación y se niegue a transmitir el sufrimiento a la siguiente generación. Esto se hace a menudo de forma muy consciente y deliberada. Qué hermosa vocación para cumplir. Este es otro factor que nos motiva a emprender el trabajo de sanación. Quizá no haya mayor regalo que podamos hacer a la siguiente generación.

Vemos que no solo nos beneficiamos nosotros y los que nos rodean en el presente, sino también los del futuro. De hecho, tal vez nuestro trabajo de sanación tenga incluso un carácter de sacrificio. Estamos dispuestos a someternos al trabajo que supone sanarnos a nosotros mismos y dar a los demás lo que nosotros mismos no tuvimos, con el fin de proteger a la siguiente generación. En última instancia, el que realiza el trabajo de sanación tendrá que comprometerse a asegurarse de que nunca será responsable de que sus hijos experimenten lo que ellos mismos vivieron.

CAPÍTULO 6

Formación espiritual y carácter

E L PHRONEMA O LA MENTALIDAD ortodoxa, que todos debemos esforzarnos por alcanzar, tiene que ver con el equilibrio
espiritual. Significa que no nos situamos en ningún límite espiritual. No somos apáticos, pero al mismo tiempo no tenemos incli-
naciones fundamentalistas. Nunca somos indiferentes al pecado,
pero nunca avergonzamos a nadie, y nos abstenemos de un espíritu crítico. También significa que estamos motivados por una pie-
dad genuina y por el amor a Dios, que tenemos un sentido decente
de la autocomprensión y de la autoconciencia y que nos esforzamos por alcanzar la humildad y la valoramos.

La humildad es un ingrediente necesario para la formación
espiritual. Saber lo que no sabemos, y estar en paz con ello, es un
aspecto clave de la humildad, y es también un ingrediente necesario para nuestra formación espiritual. Incluso podríamos decir que
el mayor conocimiento es saber lo que no sabemos. Este proceso
de sanación puede ser un manantial de humildad para nosotros.
Es un trabajo ascético, pues implica una abnegación que nace
del deseo de acercarse a Cristo. El trabajo de sanación implica
cuidarnos a nosotros mismos, pero también implica aceptar

comprensiones dolorosas, como dejar de lado ciertas cosmovisiones que durante mucho tiempo justificaron nuestro propio comportamiento o pensamiento negativo.

El trabajo de sanación tiene una forma de aportar equilibrio a nuestra vida espiritual. Al saber lo que no sabemos, nos abstenemos de juzgar a los demás y aceptamos el lugar que nos corresponde en el mundo. El trabajo también refuerza nuestro sentido de identidad, lo que disminuye la inseguridad y nos permite ser menos dependientes de la afirmación de los demás. Esto se consigue gracias a la confianza que se obtiene con la autocomprensión y la autoconciencia. Al conocernos a nosotros mismos y minimizar la influencia negativa del pasado, nos volvemos menos reactivos, menos fácilmente influenciables por fuentes externas y capaces de mostrar un mayor discernimiento, ya que hemos sido entrenados para descifrar los orígenes de nuestras motivaciones. El trabajo crea una profundidad de corazón que nos ancla; nuestros corazones, una vez limpios de todo desorden y escombros, pueden llenarse más plenamente de Dios. Nos permitimos estar más presentes en el hoy cuando el ruido y la distracción del pasado se desvanecen y se acallan.

Por encima de todo, buscamos agradar a nuestro Señor y a Dios y amar a nuestro prójimo. En la medida en que nos conozcamos a nosotros mismos, lo que nos motiva, cómo nos afectaron las experiencias de la vida y cómo resolverlas, es la medida en que podremos seguir creciendo y madurando en nuestra propia formación espiritual, que tiene como meta final la theosis. A medida que apliquemos este trabajo y maduremos como cristianos, comenzaremos a ver cambios significativos en todas las áreas de nuestra vida. Esto es especialmente cierto en nuestras relaciones. De hecho, la calidad de nuestras relaciones e interacciones con los demás es un buen indicador de dónde estamos espiritualmente.

Cuando empecemos a sanar y a soltar nuestras defensas, el miedo, la ira, las inseguridades y los resentimientos, sentiremos que nuestro corazón se expande y, con él, nuestra capacidad de amar y ser amado. También nos encontraremos reaccionando ante los demás de una manera más sana, tanto interna como externamente, y comprenderemos mejor cómo nosotros y nuestras acciones afectan a otras personas. Cuando aprendemos a aplicar los conceptos de las siguientes secciones, la parte de nuestro cerebro que ha registrado recuerdos, lecciones y sentimientos negativos puede reconfigurarse, y nuestra disposición puede basarse en experiencias más sanas en lugar de experiencias dolorosas.

La parte del cerebro de la que hablamos se llama el sistema límbico. La consejería moderna habla de una nueva terapia llamada *terapia límbica*, que se basa sencillamente en el descubrimiento de que podemos aprender nuevas formas de relacionarnos con nosotros mismos, con los demás y con el mundo si nos proporcionamos nuevas experiencias.

Responsabilidad

Nuestra discusión sobre el perdón hasta este punto se ha centrado en los momentos en que necesitamos perdonar a los demás. Sin embargo, ¿qué pasa con los momentos en los que necesitamos buscar el perdón de los demás? Si efectivamente nos afectaron las experiencias dolorosas del pasado y pasamos por las luchas comunes resultantes, entonces hay una posibilidad significativa de que otros se vieran afectados. Cuando otras personas son el blanco de nuestra transferencia y, como resultado, sufren, somos responsables de ello.

Esto debe incorporarse a nuestra vida espiritual como parte de nuestra propia sanación, incluso en el Sacramento de la

Confesión. No es razonable que otros en nuestra vida sufran indirectamente por las fechorías de las personas que nos hieren. Cuando lleguemos al punto de autocomprensión y autoconciencia en el que seamos capaces de ver lo que realmente está sucediendo, nos corresponde hacernos responsables llevando todo ante Dios en confesión, admitiendo que hemos estado haciendo sufrir a otros o tratándolos injustamente por las faltas de otros, que hemos infligido estrés a nuestros cónyuges, hijos, amigos o vecinos, debido a nuestros propios asuntos no resueltos.

Saber cómo abordar esto con otra persona puede ser difícil, ya que a veces puede ser inapropiado compartir demasiados detalles personales. Puede que la otra persona simplemente no lo entienda o que le resulte difícil afrontarlo. Depende de cada uno de nosotros decidir cuánto es apropiado compartir sobre por qué nos comportamos como lo hicimos. Si la forma en que la otra persona se vio afectada fue leve o fugaz, puede ser adecuado simplemente corregir nuestro comportamiento y quizás tender la mano con algún gesto simbólico de reconciliación. Pero si nuestra reacción negativa fue lo suficientemente notoria, le debemos a la otra persona disculparnos y buscar su perdón. Si no lo hacemos, es posible que interiorice nuestra reacción hacia él, creyendo que fue realmente la causa de la misma; puede sufrir sus propias heridas, y se habrá producido una tragedia mayor.

Buscar el perdón, ya sea verbalmente o a través de un gesto, es increíblemente liberador, una poderosa fuente de humildad, y nos impulsa más en el proceso de nuestro propio crecimiento espiritual. De hecho, pedir perdón es un arte; es una habilidad. Una disculpa completa no solo es saludable para el que se disculpa, sino que puede cambiar la vida del que recibe la disculpa. Es muy posible que nunca nadie se haya disculpado con él así antes.

Nos enseña humildad, y de hecho les enseña humildad a ellos. También sirve para nuestra propia sanación y la de ellos.

Cuando se busca el perdón de los demás, no basta con ofrecer el típico «lo siento», tan extendido hoy en día. Ciertamente no es aceptable ofrecer el temido «lo siento *si* te he ofendido». De hecho, tales disculpas son síntomas de inmadurez espiritual y están impregnadas de orgullo. Una petición de perdón que es el resultado de un corazón que arde de amor y del Espíritu Santo será completa. Incluirá el arrepentimiento, el remordimiento, la identificación de cómo fue afectada la otra persona, cómo nos sentimos al darnos cuenta de cómo fue afectada, declaraciones y afirmaciones para corregir la injuria o el desaire y un compartir, si es posible, de lo que estaba ocurriendo en nosotros cuando nos comportamos de una manera caída.

Madurez espiritual y emocional: El autoconocimiento y nuestras reacciones

A MEDIDA QUE AVANCEMOS EN la autocomprensión, la autoconciencia y la sanación, seremos más conscientes de cómo nuestras acciones afectan a los demás. Es de esperar que nos encontremos haciendo más pausas y pensando más, antes de hablar o actuar.

En el Evangelio escuchamos la parábola del siervo que fue perdonado por su amo, pero que inmediatamente salió a castigar a los que estaban en deuda con él. En lugar de recibir el perdón de su amo con humildad, reaccionó con vergüenza y rabia. La reacción del siervo es un ejemplo de un comportamiento probablemente carente de toda autocomprensión o autoconciencia. No se dio cuenta de su hipocresía. Por otra parte, tal vez sí se dio cuenta de su hipocresía, pero no le importó.

La nueva autocomprensión y autoconciencia que obtenemos de este trabajo de sanación se convierten en el espacio que nos permite hacer una pausa y reevaluar nuestras palabras o acciones antes de que actuemos basado en ellas. Nuestra capacidad de reflexionar nunca debe darse por sentada, y quizá haya pocas habilidades más valiosas para nuestro bienestar espiritual. Si no aprendemos a hacer una pausa, ser conscientes y analizar nuestras motivaciones antes de reaccionar, podemos crear interacciones que nos lleven a sentirnos revictimizados o incluso retraumatizados. La falta de conciencia también puede llevarnos a retraumatizar a otra persona sin querer.

Muchos dirían que la gente es cada vez menos capaz de tener un pensamiento crítico en el mundo actual. El campo de la salud mental lleva tiempo afirmando que en nuestra sociedad, nos estamos volviendo menos hábiles para manejar nuestras emociones y ser capaces de asentarnos con las emociones negativas. Nuestra tendencia actual es evitar, reprimir, actuar, automedicarse e incluso culpar a los demás desplazando o proyectando nuestros sentimientos en otros. Somos demasiado rápidos para creer en nuestros pensamientos y sentimientos impulsivos y demasiado rápidos para descartar lo que es la realidad. La paciencia es realmente una virtud, pero es una rareza en nuestros tiempos. En nuestra época de gratificación instantánea, combinada con las presiones y expectativas adicionales que conlleva el poder hacer muchas cosas en poco tiempo, el arte de ser paciente se está perdiendo e incluso se considera negativo.

Para muchos de nosotros, pensar es demasiado amenazante. Si pensamos, entonces sentimos. Hoy en día, muchos no quieren afrontar dichos sentimientos. Si nos detenemos, no reaccionamos, pensamos las cosas, nos tomamos el tiempo necesario y nos permitimos mirar en nuestro interior de forma objetiva, podemos ver ciertas verdades que causan conflicto o incongruencia, por ejemplo, darnos cuenta de que estábamos equivocados, de que no éramos la víctima o de que las cosas no eran como parecían. La forma en que respondemos a estas situaciones define nuestra madurez espiritual y emocional. Para madurar espiritualmente, son necesarias la autocomprensión y la autoconciencia, así como aprender a responder al presente sin que el dolor del pasado dicte nuestras acciones y respuestas. Nuestro propio viaje a través del proceso de sanación crea en nosotros una profundidad de corazón que nos anima a no alejarnos de pensamientos o emociones profundas.

El proceso de sanación mejora nuestra capacidad de ser pacientes, de pararnos a pensar y de analizar y evaluar una situación antes de reaccionar. Aprendemos a estar dispuestos a equivocarnos, a aprender de ello en lugar de sentirnos amenazados por ello y a ser capaces de identificar qué otras verdades puede contener una situación para nosotros. Esto nos permite llegar a la comprensión, a menudo dolorosa y humillante, de que tal vez nosotros, y no el otro, éramos el problema y, en consecuencia, ajustar nuestro comportamiento.

Estas capacidades son fundamentales para nuestra propia salvación y crecimiento espiritual. Constituyen la característica que define la madurez espiritual y emocional y la buena salud. Esta capacidad de detenerse y pensar antes de reaccionar mejora significativamente como resultado de este trabajo de sanación, ya que menos carga del pasado influye en nuestras reacciones. Esta capacidad está impulsada y alimentada por tres virtudes: el amor, la paciencia y la humildad. El amor y la humildad nacen de una nueva sensibilidad. Aprendemos la paciencia como resultado del aspecto ascético de este trabajo de sanación.

Una vez realizado este trabajo de sanación, emergemos con una mayor empatía hacia los demás y una mayor conciencia de cómo les afectan nuestras acciones. Si realmente amamos a los demás y perseguimos la humildad, entonces seremos pacientes, seremos cautelosos y pensaremos las cosas antes de arriesgarnos a herir a otro. Aceptaremos pedir perdón y aprender de nuestros errores para no seguir contribuyendo al estado caído de este mundo.

Nuestro corazón determina nuestro mundo: Expandiendo nuestro corazón y aprendiendo nuevas experiencias

OTRO FRUTO DEL PROCESO DE sanación es que amplía nuestro corazón. El tamaño de nuestro corazón determina el tamaño de nuestro mundo. Por supuesto, no hablamos del tamaño físico, sino del potencial y la capacidad de nuestro corazón para amar y ser consciente de las necesidades y condiciones de los demás. Nada impide más nuestro crecimiento espiritual que la ignorancia y la ceguera de un corazón pequeño, un corazón que no puede ver ni sentir más allá de las fronteras de nuestro propio hogar y familia. Una vida vivida con un corazón pequeño es una vida llena de oportunidades perdidas y de potencial sin explotar.

Cuando hemos dejado sin resolver en nuestra vida experiencias dolorosas que nos afectan negativamente, nuestro corazón puede contraerse por estar demasiado centrado en nosotros mismos y en la autoconservación. Vivir con miedo y practicar la evasión nos privará de la oportunidad de desaprender nuestras creencias negativas a través de experiencias nuevas y saludables. Un corazón pequeño significa una vida pequeña con pequeñas recompensas. Un corazón grande significa experiencias de vida más grandes y significativas que pueden ayudarnos a sanar y a aprender nuevas formas de relacionarnos.

Cuanto más grande es nuestro corazón, más conscientes somos de nuestro propio mundo interior y, sobre todo, del mundo interior de los demás. Cuanto más grande sea nuestro corazón, más dispuestos estaremos a actuar cuando veamos una necesidad en otra persona, incluso si eso supone un inconveniente para nosotros mismos. Podemos pasar de ser el que necesita la sanación a convertirnos en el sanador. Estamos llamados a tener un corazón que se expanda hasta el punto de poder abarcar a toda la humanidad.

Tener un corazón grande es también un signo de madurez espiritual. A medida que sanamos de nuestras heridas pasadas, nos despojamos de todos los miedos y defensas que han estado obstaculizando y constriñendo nuestro corazón. Algunos de nosotros empezamos la vida con un corazón grande, pero con el paso del tiempo, la adición de las responsabilidades de la vida, y las inevitables heridas y experiencias dolorosas, nos volvemos autoconsumidos, o consumidos por el bienestar de nuestra propia familia inmediata. Nuestro corazón se contrae y, lamentablemente, nuestro mundo se hace más pequeño. Solo tenemos tiempo para nosotros y los nuestros. Este proceso suele ocurrir de forma sutil e inconsciente. Nuestra visión de la vida se hace tan pequeña y estrecha que perdemos oportunidades y los aspectos más hermosos de nuestra vida en este mundo. ¡Es una tragedia!

Cuando nos encontramos en este estado, a menudo nos volvemos expertos en el arte de la autojustificación. Nos convertimos en maestros en la creación de excusas y en culpar a los demás por nuestra propia incapacidad de amar más, tender más la mano, tener más compasión. En verdad podemos decir que no hay estado espiritual más peligroso que este. Puede ser necesario un acontecimiento altamente emocional para despertarnos y sacarnos del estado de ignorancia en el que nos sumerge un corazón pequeño. De hecho, cuando desviamos la sanación y damos rienda suelta a nuestras defensas malsanas, podemos encontrarnos en ese estado.

No hace falta mucho tiempo para tomar conciencia de los demás, de sus emociones, de sus necesidades, y responder en consecuencia con amor y compasión. A través del trabajo de sanación que acabamos de exponer, encontraremos nuestros corazones más abiertos, con una mayor capacidad y energía para amar y abrazar. Vivir con un gran corazón significa ser consciente y cuidar de los que no conocemos, de los que viven fuera de las cuatro paredes de nuestra casa. También significa responder con paciencia y misericordia cuando hacen algo que nos incomoda. Significa sentir compasión por sus necesidades y su sufrimiento y, cuando sea apropiado, actuar en un intento de mostrar amor y llenar esa necesidad. La energía que se libera como resultado de la sanación y la reparación de nuestras heridas nos permite hacer todo lo anterior.

Sanar también significa desafiarnos a nosotros mismos en cuanto a la conciencia que tenemos de los demás, sin importar dónde nos encontremos. ¿Observamos a los demás? ¿Somos conscientes de ellos? ¿Podemos conectar con los demás? ¿O estamos tan centrados en nosotros mismos que no podemos ver más allá de nuestras propias narices? Un signo importante de madurez espiritual y de carácter es nuestra conciencia de cuánto tiempo dedicamos a nosotros mismos en la conversación y cuánto a los demás. Debemos esforzarnos siempre por ser conscientes de cuándo podemos estar dominando una conversación o hablando principalmente de nosotros mismos. También debemos aprender a identificar, en el momento, cuando el otro nos ha preguntado sobre nosotros mismos o nuestros seres queridos, pero nunca hemos correspondido las mismas preguntas de interés. (Siempre hay excepciones a estas reglas. Por ejemplo, cuando estamos hablando con nuestro padre espiritual o recibiendo orientación o consejo de otro, es natural que estemos centrados en nosotros mismos).

Una vez que nos hemos enfrentado a nuestros propios miedos y hemos abandonado nuestras defensas malsanas, nuestro amor y compasión pueden llegar a cubrir toda la creación. Los dones y bendiciones espirituales que Dios otorga a un corazón así son infinitos. El individuo con un corazón así brilla con la luz de Cristo en este mundo oscurecido. Cuando eliminamos el miedo, la tristeza y la ira que atan y constriñen nuestro corazón, este puede expandirse, y podemos amar con menos enfoque en el yo y sin miedo.

Hacedores de recuerdos: Crear recuerdos emocionales en los demás

La autocomprensión y el autoconocimiento son regalos de Dios. Pueden ser dados o podemos trabajar para ellos y ganarlos, dependiendo de la voluntad de Dios. Son frutos de su gracia; también aumentan nuestra responsabilidad. Como dijo nuestro Señor: «…a quien le ha sido dado mucho, mucho se demandará de él» (Lucas 12, 48). Con este mayor conocimiento, y con la sanación que viene del trabajo que acabamos de discutir, viene una mayor conciencia de cómo afectamos a los demás. Haríamos bien en reflexionar sobre el efecto que tenemos en la vida de los demás. ¿Comprendemos realmente el impacto que todos tenemos en los demás? Cada acto, cada palabra, cada gesto y cada interacción se almacenan en alguna parte de nuestra mente. De hecho, todos nosotros somos hacedores de recuerdos. Todo lo que hacemos en la vida de los demás se almacena en su memoria. ¿No es esto una gran responsabilidad? Ninguno de nosotros es perfecto; todos cometemos errores. Sin embargo, a menudo, cuando continuamos nuestra vida habiendo olvidado nuestro error hacia otro, el otro no lo ha olvidado.

Nos guste o no, somos responsables de esos recuerdos. ¿No es este un poder maravilloso y terrible? En efecto, es maravilloso porque tenemos el potencial y la oportunidad de crear recuerdos positivos en los demás, pero es terrible porque tenemos el potencial de crear recuerdos negativos o dolorosos. ¿No es ésta una gran manera de evaluar el legado que dejamos en este mundo? ¿Qué tipo de recuerdos dejamos en los demás? ¿Fueron pequeños o grandes recuerdos? Ojalá comprendiéramos plenamente esta realidad y, en el día a día, ejerciéramos este poder con la atención y la precaución que merece.

A menudo oímos hablar de «actos espontáneos de bondad». En verdad, son significativos. A menudo son las acciones que consideramos insignificantes las que dejan las impresiones más duraderas en los demás. Una persona insensible suele dejar un rastro de destrucción a su paso en forma de sentimientos heridos y heridas emocionales. Aunque la persona insensible continúe su vida ajena al efecto de sus acciones, el recuerdo de éstas perdura en la mente de los demás. Sin embargo, la persona amable, la persona generosa, la persona gentil, la persona sensible, tiene el poder de dejar tras de sí un rastro de cálidos recuerdos para que la gente se aferre a ellos. Estos recuerdos ayudan a los demás a sanarse de otros recuerdos dolorosos que tienen e incluso a mantener su esperanza en la humanidad. Los recuerdos positivos que creamos en los demás pueden ser como un faro en la oscuridad.

Los efectos de nuestras acciones van mucho más allá de crear recuerdos en los demás. Pueden hacer o romper la esperanza en otra persona. Pueden hacer que el corazón de otra persona se caliente o se enfríe, se abra o se cierre, se endurezca o se ablande, confíe o desconfíe. La condición de nuestro corazón determina cómo responderemos a la presencia y al amor de Dios cuando partamos de este mundo. Debemos reflejar el amor de Dios a los demás. Cuanto más hagamos esto, más familiar será el amor de Dios para el otro. Así, cuando se encuentren en la presencia de Dios y de su amor, tal vez habremos contribuido a que reconozcan y abracen el amor y la presencia de Dios, en lugar de encontrarlo poco familiar y alejarse.

Desgraciadamente, también nuestra insensibilidad, nuestra indiferencia y los recuerdos negativos que creamos en los demás pueden desempeñar un papel en que alguien no reconozca y, por tanto, se aleje de la presencia de Dios y de su amor. Si los recuerdos que creamos en otro juegan un papel en que su corazón se contraiga en lugar de agrandarse, se cierre en lugar de abrirse, se vuelva frío en lugar de cálido, estamos disminuyendo las posibilidades de que esa persona abrace el amor y la presencia de Dios cuando parta de este mundo. Ojalá fuéramos más conscientes de esta aleccionadora realidad. Los recuerdos que creamos en los demás pueden poner en peligro su salvación.

Qué poder tenemos en la capacidad de crear recuerdos en los demás. Sin embargo, ¿somos conscientes de este poder? Lamentablemente, a menudo no; estamos demasiado distraídos y ocupados para ser conscientes de estas cosas. Sin embargo, con un despertar dentro de nosotros, con una agitación del corazón, con la autoconciencia y la atención plena al otro durante cada momento del día, podemos ser la fuente de maravillosos recuerdos en los demás. Cada día podemos elegir despertarnos con la pregunta de qué recuerdos positivos crearemos hoy en la mente del otro. Como resultado del trabajo de sanación, tenemos más espacio en nuestra mente y corazón para ser conscientes de nuestra capacidad de sanar a los demás. Es una de las formas más maravillosas de utilizar el tiempo que Dios nos ha dado.

Establecer límites: *Para la salvación de ambos*

A VECES NOS CONFUNDIMOS ENTRE permitirnos ser vulnerables, por un lado, y establecer límites, por otro. Puede parecer que ambas cosas se contradicen, pero no es así. Si bien es cierto que tenemos que ser vulnerables y arriesgarnos a perdonar, amar y, potencialmente, a ser heridos, hay momentos en los que debemos aprender a poner límites.

Establecer un límite es necesario cuando encontramos un comportamiento en los demás que es inapropiado, intrusivo o que viola nuestro espacio físico, emocional o espiritual. A veces podemos establecer un límite en respuesta a un único incidente, y otras veces en respuesta a un patrón crónico de comportamiento en otra persona que nos perjudica. Establecer un límite no significa que dejemos de amar al otro, que lo dejemos de lado o que lo ignoremos. Establecer un límite no es juzgar a alguien. De hecho, cuando se hace de forma adecuada, suele ser lo mejor para ambas personas.

Si alguien que conocemos está luchando con algún comportamiento negativo, nuestro establecimiento de límites puede ayudarle a aprender y a obtener una comprensión. Si nunca establecemos límites, especialmente con quienes tienen alguna adicción, entonces caemos en la facilitación del comportamiento negativo. Cuando facilitamos la conducta perjudicial de otros, terminamos socavando su sanación y aprendizaje. Si damos rienda suelta al comportamiento de los demás y no ponemos límites por un confuso sentido de responsabilidad cristiana, solo estamos reforzando el comportamiento negativo del otro.

Los siguientes son algunos ejemplos de establecimiento de límites saludables. Es posible que nos encontremos en una relación en la que la otra persona se comporta con frecuencia con palabras o acciones groseras o hirientes. Podemos tolerarlo durante un tiempo, tal vez incluso años. Sin embargo, llegamos a un punto en el que ya no podemos exponernos a ese comportamiento negativo. Consideramos la posibilidad de hablar con la otra persona al respecto, pero, basándonos en experiencias anteriores y en su temperamento, nos damos cuenta de que probablemente empeoraría la situación. Entonces decidimos establecer un límite que no perjudique a la otra persona y que, si se aplica correctamente, pueda desencadenar un proceso de pensamiento en ella que pueda dar lugar a una mayor autocomprensión y autoconciencia.

Gradualmente y con amabilidad, con el paso del tiempo, nos alejamos y creamos cierta distancia con el individuo. Esto puede adoptar la forma de reducir el contacto, a distancia o en persona, o de disminuir la cantidad de información que le revelamos. No lo ignoramos, ni lo evitamos, ni lo abandonamos. Simplemente creamos una distancia suficiente para poder sobrellevar mejor la relación y crear un espacio para que el otro se dé cuenta de nuestro cambio de comportamiento y, con suerte, reflexione sobre él.

Podemos decidir esperar a que la otra persona pida aclaraciones sobre el cambio de nuestro comportamiento, pero puede que esto nunca ocurra. También podemos decidir hacerle saber directamente, por adelantado, que habrá algunos cambios, y por qué. Si optamos por esta vía, podemos hacerle saber que estaríamos encantados de reanudar la relación siempre y cuando pueda cambiar su comportamiento. Cuando hacemos esto, proporcionamos al otro la oportunidad de crecer espiritualmente, y creamos un espacio para que gane en autocomprensión y autoconciencia. En el caso de que elija no cambiar, entonces ha elegido aceptar los límites que se han establecido.

Es importante tener en cuenta que, en caso de maltrato, a menudo es necesario establecer un límite firme en forma de corte de todo contacto, ya sea de forma permanente o hasta que el maltratador haya cambiado claramente su comportamiento.

Por poner otro ejemplo, podemos encontrarnos en una relación con alguien que intenta repetidamente ejercer una influencia negativa sobre nosotros, quizás en forma de presión para que cometamos algún pecado o comportamiento insano. En tales casos, puede ser necesario aumentar gradualmente la intensidad de los límites hasta que el comportamiento cese. También puede ser necesario cortar el contacto con el individuo.

De nuevo, esto es para la salvación de ambos. No es anticristiano hacer esto. Jesús enseñó claramente en los Evangelios: «...si tu mano derecha te es ocasión de caer, córtala y échala de ti» (Mateo 5, 30). Sabemos, por supuesto, que Jesús no está hablando de mutilación física. Está hablando de apego y, en última instancia, de establecer límites. Si decidimos no crear un espacio o cortar los lazos con alguien que ejerce influencia o presión sobre nosotros para que pequemos, el gran peligro es que nos aparten del propio Cristo.

Sabemos que la verdadera tragedia no es la muerte física, sino la muerte espiritual. La muerte espiritual es la separación de Dios. Desde esta perspectiva, una relación puede ser fatal para nosotros. Podría matarnos espiritualmente al separarnos de Cristo, la fuente de la vida. Como dijo Jesús: «Nadie puede servir a dos señores; porque aborrecerá al uno y amará al otro, o se dedicará al uno y menospreciará al otro» (Mateo 6, 24).

Ponemos límites solo cuando es necesario, y lo hacemos con amor. Establecer límites es también un arte o una habilidad. Lo aplicamos de manera que no hiramos o avergoncemos al otro. Establecemos los límites con firmeza, amor y coherencia. La aplicación correcta de los límites siempre beneficia a las dos personas implicadas, aunque la otra persona no se dé cuenta tan rápidamente o no lo haga en absoluto.

Sin embargo, cuando nos han herido en el pasado, no hemos sanado del todo y vivimos con miedo a la vulnerabilidad, podemos apresurarnos a poner límites. Podemos tener límites personales sobreactivos que provienen de defensas sobreactivas. Cuando esto sucede, hacemos que tener relaciones cercanas sea difícil para nosotros mismos. Nos volvemos difíciles para tener interacciones. En tales casos, nos cuesta la intimidad emocional natural que existe en una amistad cercana. Las simples realidades de una amistad, como compartir información personal, recibir preguntas personales o una visita inesperada, se perciben de repente como una violación de nuestros límites. Los límites sobreactivos son una señal de que tenemos que trabajar más en la resolución de experiencias pasadas.

El equilibrio y el discernimiento son necesarios para establecer correctamente los límites. Cuando no estamos seguros de si un límite en particular es apropiado, es sabio y prudente buscar el consejo de nuestro padre espiritual, o de alguna otra persona objetiva que esté bien ajustada y equilibrada.

CAPÍTULO 7

Manteniendo el pasado en su debido lugar

C UANDO HEMOS TRABAJADO PARA RESOLVER experiencias pasadas y deshacer su impacto negativo en nosotros, nos enfrentamos al reto de mantener lo que hemos logrado. Diariamente nos encontraremos bombardeados con interacciones y otros estímulos externos que, sin conciencia y vigilancia por nuestra parte, pueden hacernos retroceder en nuestro trabajo de sanación. Esto no se debe a ningún fallo por nuestra parte, sino a estar distraídos con los asuntos de la vida. Debido al ritmo frenético de nuestra vida y, a veces, a la necesidad de descansar de este trabajo, podemos olvidar lo aprendido y recaer en viejas formas de pensar, percibir y comportarnos.

El trabajo de sanación debe formar parte de nuestra actividad espiritual diaria o ascesis. Mientras integremos este trabajo y la nueva percepción y autoconciencia en nuestra práctica espiritual diaria, cualquier retroceso o regresión grave debería ser mínimo y fácil de recuperar.

Poner por escrito nuestras reflexiones

LOS MOMENTOS DE CLARIDAD APARECEN, como el sol cuando se asoma entre las nubes en un día nublado. Sin embargo, al igual que las nubes suelen volver a cubrir los rayos del sol, a menudo, ese momento de claridad y reflexión queda cubierto por el ruido y la distracción de nuestra vida diaria, y finalmente se olvida. Nos involucramos en el trabajo de sanación a tropezones, y cuando reanudamos nuestro trabajo, nos cuesta retomarlo donde lo dejamos. Entonces es más probable que retrocedamos y volvamos a caer en nuestras viejas formas de pensar y comportarnos.

Una gran herramienta que tenemos a nuestra disposición en nuestro trabajo de sanación y crecimiento espiritual es llevar un diario espiritual. A medida que nuestra autocomprensión y autoconciencia crecen, obtenemos pistas sobre por qué hacemos lo que hacemos, por qué pensamos como pensamos, qué nos motiva y qué áreas de nuestra vida hemos estado descuidando. La intensidad y el ajetreo de nuestro día a día en este mundo hacen que sea muy difícil mantener estas autocomprensiones en nuestra memoria activa. Escribirlas en un diario ayuda a disminuir la preocupación y la ansiedad, ya que sabemos que la autocomprensión queda registrada y, por lo tanto, no puede perderse, lo que libera más espacio en nuestra mente y nos ayuda a sentirnos menos fuera de control. Las autocomprensiones que obtenemos son verdaderos tesoros y no queremos perderlos. Ponerlos por escrito, registrarlos, nos obliga a realizar este trabajo, y nos ayuda a ser más responsables. Nuestro diario nos sirve de recordatorio físico del trabajo que hemos empezado y del que queda por hacer.

Un diario también nos permite trazar nuestro curso a medida que avanzamos en el viaje de nuestro propio crecimiento espiritual y sanación, mientras trabajamos en nuestra salvación. Esto ayuda a evitar que tengamos que volver a empezar después de una pausa o que volvamos a dar vueltas inadvertidamente sobre los mismos pasos. Trazamos nuestros momentos de claridad y mantenemos el rumbo revelado por ellos, como los marineros de antaño utilizaban las estrellas para trazar su rumbo. Navegamos de una comprensión a otra, creciendo cada vez que tenemos un momento así al ponerlo en práctica.

Algunos de los santos, después de partir de este mundo, dejaron trozos de papel llenos de sus autocomprensiones y entendimientos espirituales. No los dejaron para que fueran encontrados y publicados por otros, sino que los guardaron para su propio progreso espiritual, para que esos momentos y autocomprensiones no fueran olvidados. Todos estamos llamados a ser santos, y entre las cosas que todos los santos tenían en común estaban la humildad y el autoconocimiento. La humildad que se enciende al hacer este trabajo, combinada con el deseo de santidad y el autoconocimiento, puede revelar el mismo camino que tomaron los santos para convertirse en modelos en la Iglesia para que los sigamos.

Asimilar esta obra a nuestra vida de oración

Es a través de la oración que empezamos a vernos a nosotros mismos. La oración silenciosa actúa como un espejo en el que tenemos la oportunidad de ver aspectos de nosotros mismos que normalmente no veríamos cuando andamos en el afán de la vida cotidiana. La oración se convierte en el aula a través de la cual Dios nos enseña y nos revela muchas cosas. La oración tiene que ser algo más que leer en voz alta oraciones previamente escritas por otra persona: tenemos que abrirnos a Dios y enfrentarnos a Él. En la oración, nos comunicamos con Dios, dialogamos con Él y le escuchamos. Nos esforzamos por orar siempre en silencio, sin palabras, pero al principio, puede que necesitemos usar palabras.

Mientras oramos sobre diversos asuntos, Dios nos revelará cosas que necesitamos saber. Veremos aspectos de nosotros mismos que debemos cambiar, y se nos concederá entender por qué estamos luchando con ciertos asuntos. Sin embargo, tenemos que orar con honestidad, estando dispuestos a mirar lo que vemos y no desviarnos, y genuinamente, con un corazón abierto. Recordemos las palabras de nuestro Señor: «Pidan, y se les dará. Busquen y hallarán. Llamen, y se les abrirá» (Mateo 7, 7). Si empezamos a hacer esto, se producirá una poderosa transformación en cada uno de nosotros. Empezaremos a descubrir nuestro propio reino interior y la casa del tesoro de la que habla san Isaac, un tesoro dentro de nosotros al que podemos acceder diariamente. Un corazón hambriento de cercanía con Dios y de autoconocimiento, combinado con la oración, enciende y acelera nuestro crecimiento espiritual.

Si buscamos realmente a Dios, anhelamos lo que es justo y santo y deseamos vernos a nosotros mismos tal como somos, entonces la oración silenciosa se convierte en una fuente de discernimiento para nosotros. Esta oración se convierte en nuestro tiempo en el desierto, lejos de las distracciones del mundo, donde nos encontramos a solas con Dios. ¿No es esta una oportunidad impresionante? Sin embargo, muchas veces no aprovechamos esta experiencia que está disponible para nosotros tan fácilmente.

Durante estos tiempos de oración, si nos hemos desviado del camino que Dios quiere que sigamos, Él nos lo revelará. Durante los tiempos profundos y tranquilos de oración, se iluminará un camino para que lo sigamos. Aprendemos a buscar los suaves estremecimientos del corazón. Dios, si lo desea, nos susurrará y nos concederá el discernimiento para ayudarnos a mantenernos en el camino que es santo y que contribuye a nuestra edificación. Así que incluimos y tejemos en nuestra oración lo que estamos tratando de resolver en nosotros mismos. Buscamos la ayuda y la guía de Dios. Llevamos ante Él nuestro dolor y nuestras penas y derramamos lágrimas. Sin embargo, siempre incluimos peticiones de autocomprensión, autoconocimiento y sanación. Dios nos dará las autocomprensiones según su deseo y según estemos preparados y seamos capaces de soportarlas.

La oración es la actividad más importante que podemos hacer para obtener la paz de Dios y para readquirirla si la perdemos. La oración es el gran diezmo del tiempo. Cuando pensamos en el diezmo, a menudo pensamos en las finanzas. Diezmar es ofrecer a Dios una parte de lo que nos ha dado. Cuando reservamos tiempo únicamente para orar, decimos no al mundo y diezmamos ese tiempo a Dios. Ofrecemos a Dios una porción del tiempo que nos ha dado.

Cuando entramos en nuestra habitación, cerramos la puerta y buscamos a Dios de verdad, nos abrimos a un encuentro con su paz. Nuestro Dios es el Alfa y la Omega, el principio y el fin. Los acontecimientos del mundo y, a veces, incluso de nuestra vida pueden parecer caóticos y estar fuera de control, pero no es así: Él tiene el control. Cuando nos ponemos en contacto y dialogamos con Dios, aportamos equilibrio y estabilidad a nuestras vidas. Además, cuando demostramos sistemáticamente la capacidad de bloquear el mundo durante un tiempo significativo cada día, se refuerza en nosotros la creencia de que no estamos indefensos e impotentes ante este ritmo frenético de nuestra vida. De hecho, aprendemos no solo a gestionar el tiempo, sino a dominarlo. Cuando aprendemos a decir no al mundo y sí a Dios a través de la oración, empezamos a trasladar esta capacidad a otras áreas de nuestra vida.

El archimandrita Sofronio, alumno de san Silouan del monte Athos, decía: «La oración ofrece una experiencia de libertad espiritual que la mayoría de la gente ignora. El primer signo de la emancipación es el desinterés por imponer la propia voluntad a los demás. El segundo es la liberación interior del control de los demás sobre uno mismo».* El trabajo de sanación nos lleva a estos dos signos de emancipación. El archimandrita Sofronio habla de los efectos de la paz de Dios en nuestras almas.

Dejarnos llevar por el miedo a lo que piensan los demás o por el afán de imponer nuestra opinión o voluntad a los demás es perder el equilibrio espiritual y emocional, pero la paz de Dios tiene un efecto liberador. La oración aporta equilibrio y estabilidad; sin embargo, hay que mantenerla. San Isaac el Sirio comparaba a menudo el modo en que oramos con el modo en que un barco navega de isla en isla, aprovisionándose. Pasamos por nuestra vida navegando de oración en oración hasta llegar a nuestro destino. Cada vez que oramos, estamos tomando la paz de Dios.

El sacramento de la confesión

A MEDIDA QUE AVANCEMOS EN este trabajo y que nuestra autoconciencia crezca y se profundice, seremos más conscientes de los momentos y formas en que otros fueron heridos o sufrieron a causa de nuestras propias heridas no resueltas del pasado. De hecho, incluso en la oración, pueden surgir esas realizaciones: podemos pensar en alguien que hemos pasado por alto en nuestra vida, que hemos dado por sentado o que hemos tratado injustamente. Durante la oración podemos sentir un ardor en el corazón, que nos impulsa a reparar o a hacer las paces con la persona a la que hemos herido. A partir de la oración, llevamos estos incidentes

---

* Archimandrita Sofronio, «Arrepentimiento y combate espiritual», en *Ver a Dios como Él es*, trad. Joaquín Maristany (Salamanca, España: Editorial Sígueme, 2002), 44.

ante Dios y buscamos su perdón. A continuación, llevamos estas percepciones y esta nueva conciencia a la confesión. Allí el sacerdote puede tener más sugerencias o puede sugerir formas en las que necesitamos buscar el perdón de los que sufrieron o fueron afectados por nuestro comportamiento.

La confesión es una oportunidad para que mantengamos la comprensión que tanto nos ha costado conseguir. La confesión no está ahí para avergonzarnos, sino para hacernos responsables. Algunos de nosotros podemos caer en usar la confesión como una forma de avergonzarnos. Esto es un mal uso del sacramento de la confesión. Debemos centrarnos en los comportamientos o pecados en sí mismos, y debemos tener cuidado con el uso de las afirmaciones «yo soy» en la confesión. Algunos ejemplos de esto son: «Soy perezoso», «Soy holgazán» o «Soy egoísta». El uso de estas afirmaciones para identificar un entendimiento inicial sobre nosotros mismos es útil, pero poco después deben convertirse en acción. El uso repetido y continuo de esas afirmaciones «soy» es indicativo de vergüenza y de estar estancado espiritualmente.

En la confesión, es más provechoso utilizar afirmaciones como «Me comporté de forma egoísta» o «Lo que hice fue egoísta». El contenido de nuestras confesiones debe centrarse en el estado de nuestro progreso en el esfuerzo por superar nuestros pecados. La confesión no debe dedicarse a regodearse en lo pecadores que somos; está bien establecido que todos somos pecadores. En última instancia, la confesión se convierte en el resultado de lo que hacemos con nuestro pecado. Es una expresión de lo que hemos hecho, de lo que queremos hacer y de la dirección que tomamos.

Inevitablemente habrá momentos, a pesar de nuestros mejores esfuerzos, en los que nos encontremos desencadenados y reaccionemos de forma poco saludable ante una persona o situación. No hay que desanimarse cuando esto ocurre. Mientras reanudemos nuestro trabajo, nos disculpemos si procede y sigamos adelante, no se puede esperar nada más de nosotros. A medida que avanzamos en el trabajo presentado en este libro, con el tiempo nosotros o nuestro padre espiritual pueden notar que nuestras confesiones se profundizan a medida que crece nuestra autocomprensión y autoconciencia.

La confesión es nuestro momento para mirarnos en el espejo que refleja nuestra alma. Es una oportunidad para hacer un inventario de cómo hemos estado haciendo para mantener el pasado separado del presente y asegurarnos de que los demás no han sido heridos debido a nuestros desencadenantes o experiencias no resueltas. La confesión también se convierte en una fuente de responsabilidad para cualquier automedicación. Es una oportunidad para ver si estamos progresando, y con la ayuda y la gracia de Dios, podemos empezar a notar que ciertas luchas o interacciones negativas disminuyen.

La confesión es una oportunidad para que nuestro padre espiritual mida dónde estamos en este trabajo y nos haga sugerencias sobre los pasos que debemos dar o las áreas que queremos explorar. Como es de esperar que nuestro padre espiritual esté al tanto de nuestro progreso, podrá proporcionarnos otro par de ojos y oídos y otro corazón para ayudarnos a discernir cuándo el pasado se está filtrando en el presente. Cuanto más traigamos este trabajo a la confesión, más nos ayudará a mantener todo en su sitio en nuestras vidas.

En busca de ayuda: la consejería y el papel del padre espiritual

HAY MUCHA CONFUSIÓN Y AMBIGÜEDAD entre muchos cristianos ortodoxos cuando se trata de si está bien buscar ayuda adicional en forma de consejería. La realidad es que algunas formas de consejería tienen lugar con frecuencia en la Iglesia. La consejería espiritual tiene lugar en la confesión, cuando el sacerdote hace preguntas u ofrece consejo espiritual. La Iglesia, por supuesto, ofrece consejo a través de las Escrituras, los escritos de los padres de la Iglesia e incluso los servicios litúrgicos. De hecho, todos ellos transmiten un beneficio terapéutico. Sin embargo, ¿qué hacemos si nos encontramos en una situación de angustia importante y sentimos que necesitamos ayuda adicional? ¿Está bien buscar consejería fuera de la Iglesia o de nuestro párroco?

Si creemos que hemos llegado a este punto, el mejor punto de partida es la Iglesia y nuestro párroco o padre espiritual. Es posible que tengan algunos recursos de referencia que sean cristianos ortodoxos o que, al menos, sean conocidos por ser respetuosos con la fe. Aunque hay terapeutas que pueden calificar nuestra fe como una patología, hay muchos que muestran un gran respeto y tolerancia.

Como con tantas cosas, queremos practicar un enfoque y una mentalidad equilibrados cuando nos aventuramos en este ámbito. Algunos se preguntarán: «¿No puedo hablar simplemente con mi párroco?». Por supuesto que sí. En efecto, hay muchas cosas en las que nuestro párroco puede ayudarnos. Esto es especialmente cierto en las áreas de duelo, la necesidad de alguien que escuche, la confesión e incluso los problemas matrimoniales. Sin embargo, nuestro párroco debe saber cuándo ha llegado el momento de buscar ayuda adicional. Cada sacerdote tiene diferentes fortalezas y habilidades, y le corresponde a cada sacerdote saber cuáles son y actuar en consecuencia. Buscar ayuda externa está bien y puede ser increíblemente beneficioso; no obstante, debemos tener precaución y discernimiento para encontrar a la persona adecuada. De nuevo, como siempre, la Iglesia enseña el equilibrio. Debemos ser abiertos pero cautelosos, y siempre usar el discernimiento.

Conocer los miedos que crean nuestra ansiedad

UNA VEZ QUE HEMOS LLEGADO a las últimas etapas de este trabajo, podemos tener la tentación de creer que no tendremos más luchas significativas en nuestras vidas. Pero incluso cuando hemos resuelto el pasado, el presente puede seguir poniéndonos situaciones inesperadas y difíciles. Por ello, es útil reconocer el origen de nuestro miedo o ansiedad en un momento dado.

Podemos aprender a preguntarnos cuando nos sentimos ansiosos: «¿Cuál es el miedo? ¿A qué realmente le temo?». Podemos preguntarnos cuál es la peor situación hipotética que nos atemoriza. Imaginarse el peor de los casos posibles revela lo que realmente tememos. Esto ayuda a reducir el miedo y la ansiedad porque somos capaces de articular lo que tememos. A continuación, podemos cuestionar el grado de realismo del escenario temido y, si es realista, aceptarlo y planificar una respuesta que nos proporcione una sana sensación de control. Esto nos ayuda a obtener una sensación de dominio sobre la situación y hace que nuestro miedo sea menos impreciso.

No debemos temer a nuestra ansiedad. Todos los que caminan por esta tierra tienen algo de ansiedad. Podríamos argumentar que si no tuviéramos absolutamente ninguna ansiedad, no podríamos funcionar ni estar atentos a nuestras responsabilidades. Sin embargo, a menudo empeoramos nuestra ansiedad al temerla, al percibirla como algo sobre lo que no tenemos control. El significado que asignamos a nuestra ansiedad tiene enormes implicaciones sobre el poder que tiene sobre nosotros. Si la normalizamos en el contexto de la realidad de que todos tenemos algo de ansiedad y que nosotros la manejamos en lugar de ser manejados por ella, entonces no la tememos.

Empezamos a aprender que a menudo hay una razón para nuestra ansiedad. A medida que se profundiza en nuestra percepción y autoconciencia, adquirimos la capacidad de localizar exactamente el origen de nuestra ansiedad. A veces, la causa está justo debajo de la superficie; otras veces, es un poco más profunda. Tal vez nuestra agenda ha sido demasiado frenética y descontrolada, o la ansiedad puede estar relacionada con un acontecimiento próximo en el que no nos hemos permitido pensar o hablar. Tal vez la ansiedad proceda de un miedo más profundo a que se produzcan ciertas situaciones en nuestra vida que nos recuerden lo que pasamos en el pasado.

En el transcurso de nuestro proceso de sanación, podemos descubrir un determinado aspecto o rasgo central de nuestra experiencia que nos causó la mayor angustia. Es posible que hayamos desarrollado una fobia a las personas o situaciones que percibimos como fuente, o una potencial, de ese aspecto o rasgo temido. Por ejemplo, si hemos sido víctimas de abusos por parte de otra persona, hemos estado expuestos a conflictos en nuestro hogar mientras crecíamos o hemos sufrido cualquier otra experiencia traumática, es posible que identifiquemos que el aspecto central de nuestra experiencia que más nos perturbaba era nuestra propia impotencia e indefensión. Entonces podemos sentir temor o practicar la evasión cuando nos encontramos con cualquier cosa en el presente que percibimos que puede hacernos sentir impotentes o indefensos. Darnos cuenta de que nuestro temor o miedo proviene, en realidad, del pasado y no solo del presente puede ayudarnos a hacer más soportable el factor estresante presente y a sentirnos menos abrumados.

Es muy posible que algunos de nosotros estemos predispuestos a preocuparnos o que la ansiedad tenga un componente genético. Sin embargo, incluso en ese caso, podemos desaprender la preocupación y la ansiedad. El campo de la neurociencia ha demostrado que las vías neuronales pueden reescribirse cuando empezamos a

cambiar nuestro comportamiento y nuestras respuestas a los factores de estrés, los desencadenantes y los escenarios. Esto se llama
plasticidad neuronal. Así que siempre hay esperanza; nunca tenemos que estar controlados por la ansiedad ni por ninguna otra
lucha. Al hacer lo que tememos, nos damos nuevas experiencias
que pueden gradualmente, con el tiempo, reconfigurar el cerebro,
por así decirlo, para que tengamos mejores respuestas emocionales
a las situaciones.

Establecer límites con el mundo

TAMBIÉN DEBEMOS SER CAUTOS FRENTE a lo que estamos
expuestos. Como sociedad, nos hemos vuelto cada vez más
dependientes de los medios de comunicación para mantenernos
informados. Sin embargo, los medios de comunicación explotan
nuestros miedos para ganar consumidores. Depender de una ins-
titución que fomenta el miedo y la incertidumbre es desastroso
para nuestra espiritualidad y nos trae mucha lucha innecesaria.
Es bueno que los cristianos estemos informados, pero debemos
ser equilibrados y evitar recurrir repetidamente a las noticias para
tranquilizarnos. Los que hacen esto solo encontrarán más refuerzo
para su miedo. Si nos sentimos angustiados por algo que aparece
en las noticias, es importante limitarse a pequeñas dosis, recor-
dando siempre que hay que recurrir a la oración. Si un peligro
potencial se resuelve, los medios de comunicación no ofrecerán
tranquilidad, sino que, a menudo, simplemente dejarán de infor-
mar sobre el tema.

Además, muchos de nosotros sufrimos un uso excesivo de las
redes sociales, donde nos bombardean o saturan con los asuntos
de la vida cotidiana de los demás. La gran mayoría de las personas
que utilizan las redes sociales solo comparten lo más destacado de

sus vidas, dejando de lado las experiencias y luchas más cotidianas con las que todos podríamos identificarnos. Como resultado, el uso excesivo de las redes sociales puede hacer que nos sintamos más solos y aislados.

En nuestra sociedad actual se ha producido un aumento dramático de lo que el campo médico denomina trastornos de ansiedad. La preocupación excesiva está ahora muy extendida entre los niños. Muchos de los que luchan con estas condiciones luchan con la confianza, con la incertidumbre, con no tener el control. Es comprensible que tantas personas luchen hoy en día contra el estrés crónico y la sensación de descontrol. Nuestras vidas se mueven a un ritmo implacable. Nos sentimos y vivimos como si un capataz estuviera a nuestras espaldas con un látigo, llevándonos a la siguiente tarea. Muchos de nosotros incluso nos sentimos culpables por hacer una pausa para descansar.

El ritmo frenético de nuestra vida, si no se controla, empezará gradualmente a dictar una nueva realidad. Antes de que nos demos cuenta de lo que ha sucedido, lo que antes habríamos considerado una semana o un mes más ocupados de lo normal se convierte en la nueva norma. Una de las condiciones clave que necesitamos para conservar la paz de Cristo en nosotros es estar libres de influencias externas. Es imperativo que no miremos a los demás, al mundo o a nuestra sociedad secular para que dicten el contenido y el ritmo de nuestras vidas. Nosotros podemos determinar hasta qué punto vamos a participar.

Las apariencias engañan. En nuestra sociedad actual tendemos a no compartir nuestras luchas o cualquier cosa que pueda considerarse una vulnerabilidad. Percibimos a los vecinos o a los compañeros como si tuvieran cualidades que nosotros no tenemos o como si estuvieran libres de las luchas o las tensiones a las que nos enfrentamos. Esto nos lleva a perseguir una ilusión, y nos hace tener expectativas poco realistas de lo que significa ser un individuo o una familia «exitosa». Peor aún, puede llevar a la envidia y a los celos por cosas que el otro ni siquiera posee realmente.

Todos conocemos la tentación de tratar de «mantenerse a la par del vecino». Muchas personas se presionan con la sensación de que tienen que hacer lo que hacen sus vecinos. Podemos sentir que tenemos que conducir ciertos autos que los vecinos conducen, tener una casa de cierto tamaño, hacer ciertos viajes o vacaciones, emprender ciertas mejoras en el hogar, e incluso asegurarnos de que nuestros hijos están inscritos en todas las actividades en las que los hijos de los vecinos están inscritos. Es trágico que nuestros hijos tengan que sufrir por nuestras propias inseguridades y por utilizar a nuestros vecinos como indicador de éxito. Antes de que nos demos cuenta, tenemos a nuestros hijos inscritos en tantas actividades que no tienen tiempo libre para jugar o ser creativos, y como resultado, pronto acabamos con niños ansiosos.

Vivimos en una sociedad en la que es casi un tabú dejar que nuestros hijos simplemente jueguen fuera en el patio. Muchos padres temen ser juzgados por sus vecinos si no tienen a sus hijos inscritos en alguna actividad o deporte cada minuto del día. Cada vez más, los padres se convierten en víctimas de sus propios horarios autoimpuestos, poco realistas y tóxicos. Para empeorar las cosas, muchos de nosotros sentimos la necesidad de presentar siempre como si todo fuera perfecto y genial, cuando en realidad, podemos sentirnos estresados y abrumados. Esto puede llevarnos a sentirnos solos, aislados, como si algo estuviera mal en nosotros, debido a la falsa percepción de que solo nosotros estamos teniendo estas luchas. A raíz de nuestro propio orgullo e inseguridades, muchos de nosotros nunca compartimos nuestras luchas (ya sean individuales o familiares), lo que aumenta nuestro propio aislamiento y el de otras personas que podrían beneficiarse de escuchar que no están solas en sus luchas. En efecto, este mundo en el que vivimos es un mundo caído.

Parte de la preservación de los frutos de nuestra sanación y de la paz de Cristo es no tener miedo de crear nuestro propio espacio y sentido del tiempo con el que vivimos. Establecemos límites con el mundo creando nuestro propio ritmo en nuestra propia casa. Entendemos perfectamente lo que ocurre en el mundo, pero tomamos la decisión deliberada de no permitir que ese caos entre en nuestra casa. No utilizamos el mundo como indicador de lo que deberíamos hacer como individuos o como familias. Así podemos convertir nuestro entorno doméstico en un entorno sanador. Nuestro hogar puede convertirse en un refugio y un lugar de recuperación del ritmo tóxico y frenético del mundo con sus normas y criterios imposibles e interminables para el éxito terrenal. Si no establecemos límites con el mundo, la paz de Dios puede volverse esquiva, y nuestro propio trabajo de sanación puede descarrilarse por un ritmo de vida que deja poco tiempo para mirar hacia adentro.

Aceptar la paciencia y la misericordia de Dios

AL SUMERGIRNOS EN ESTE TRABAJO de sanación, tendremos que ser pacientes. A veces nos sentiremos impacientes con nosotros mismos para saber por qué seguimos luchando en ciertas áreas. Es importante darse cuenta de que esto es un proceso, una búsqueda, y que habrá contratiempos en el camino, pero ninguno que no pueda ser superado. Nuestras luchas pueden haber tardado años en desarrollarse y no se resolverán en semanas o meses.

También nos puede preocupar que Dios esté de alguna manera disgustado con nuestra lucha o que se impaciente con nosotros. Un lugar útil en las Escrituras para buscar consuelo en esta área es la relación entre Dios y el profeta Elías. Elías tuvo sus propias luchas y a veces se desesperó de la vida. Sin embargo, vemos la paciencia de Dios y su voluntad de esperar por él cuando necesitaba tiempo para recuperarse. Después de luchar con los sacerdotes de Baal, Elías estaba cansado y se fue a un lugar apartado para encontrarse con el Señor. Dios envió un cuervo para que le trajera comida mientras renovaba sus fuerzas. Allí tuvo un encuentro con Dios en el que este le dio instrucciones y dirección.

Él le dijo: —Sal y ponte de pie en el monte, delante del Señor. Y he aquí que el Señor pasaba. Un grande y poderoso viento destrozaba las montañas y rompía las peñas delante del Señor, *pero* el Señor no *estaba* en el viento. Después del viento hubo un terremoto, *pero* el Señor no *estaba* en el terremoto. Después del terremoto hubo un fuego, *pero* el Señor no *estaba* en el fuego. Después del fuego hubo un sonido apacible y delicado. Y sucedió que al *oírlo* Elías, cubrió su cara con su manto, y salió y estuvo de pie a la entrada de la cueva. Y he aquí, *vino* a él una voz y le preguntó: —¿Qué haces aquí, Elías? (1 Reyes 19, 11–13)

De esta historia aprendemos mucho sobre Dios. Dios no estaba en los desastres naturales; no estaba en el poderoso y destructivo viento; no estaba en el terremoto, ni en el fuego. Elías supo salir de la cueva y reunirse con el Señor cuando escuchó una voz tranquila. Nuestro Dios es un Dios pacífico y amable. Podemos perder esta conciencia si culpamos a Dios de las consecuencias del libre albedrío y de las decisiones de los demás, como los acontecimientos negativos en nuestras propias vidas.

Esta historia también nos recuerda que Dios es una persona real con la que podemos interactuar y a la que podemos acudir en busca de ayuda y apoyo. Podemos olvidarnos fácilmente de esto cuando estamos ocupados luchando diariamente en nuestras propias batallas y atravesando nuestras propias luchas. A veces podemos estar tan consumidos y centrados en nuestros propios problemas y preocupaciones que nos olvidamos de que Dios está ahí. También podemos sentir que Dios se impacienta o se frustra con nuestros contratiempos o nuestro lento progreso. Sin embargo, las Escrituras nos dicen lo contrario. Vemos que Dios no avergonzó a Elías, ni lo apuró, ni lo castigó por desanimarse o querer rendirse. Dios esperó pacientemente a que Elías recuperara sus fuerzas y lo apoyó en el camino.

Habrá momentos en nuestro trabajo de sanación en los que necesitemos tomar un descanso. Si no lo hacemos, podemos encontrarnos tan consumidos por nuestro propio trabajo interior que empezamos a olvidar lo que ocurre en nuestro entorno y en la vida de los que nos rodean. Es saludable tomar descansos ocasionales del trabajo de sanación y disfrutar de la vida que Dios nos ha dado. Al hacerlo, también se nos recuerda que nuestra vida no es más que una de muchas y que cada uno de nosotros está comprometido en su propia lucha. De hecho, no estamos solos.

Gratitud

La gratitud es también una herramienta necesaria para preservar la paz de Cristo en nuestro interior. La gratitud nos lleva a aceptar la vida que Dios nos ha dado. Como dijo la autora Melody Beattie: «La gratitud convierte lo que tenemos en suficiente, y más. Convierte la negación en aceptación, el caos en orden, la confusión en claridad... da sentido a nuestro pasado, trae paz para el día de hoy y crea una visión para el mañana». No importa las experiencias que hayamos tenido en nuestra vida, no importa el dolor o el sufrimiento que hayamos tenido que superar; siempre podría haber sido peor. Tenemos que esforzarnos por vivir en un estado de aceptación del momento presente. Solo cuando hayamos asumido y aceptado la vida que tenemos en cada momento, podremos empezar el proceso de transformarla.

La paz de Dios es real y tangible. En el Evangelio de Juan, nuestro Señor nos dice durante la Última Cena: «La paz les dejo, mi paz les doy. No como el mundo la da yo se la doy a ustedes. No se turbe su corazón ni tenga miedo» (14, 27). Jesús presenta Su paz como lo opuesto al miedo; Su paz contrarresta el miedo y el corazón turbado. También sabemos que la paz de Dios tiene cualidades protectoras: San Pablo escribe en Filipenses 4, 7: «Y la paz de Dios, que sobrepasa todo entendimiento, guardará sus corazones y sus mentes en Cristo Jesús». Si tenemos miedo, entonces no estamos en el momento presente. Si no estamos en el momento presente, hemos quitado nuestra mirada de la vida que Dios nos ha dado en ese momento. Si estamos ocupados en una actividad distraída, la paz de Dios nos será esquiva.

A veces todos sentimos una falta de gratitud que nace de centrarnos en lo que no tenemos en lugar de en lo que tenemos. Si nos sentimos desagradecidos, no estamos en el momento presente. Nos estamos centrando en un momento o en una vida que no es la que nos ha tocado. Estamos deseando un momento distinto al que estamos viviendo actualmente. Tendemos a anhelar un pasado diferente, a desear un presente diferente y a fantasear con un futuro que probablemente no tendremos, imaginando que esa vida sería mejor. En realidad, si tuviéramos esa vida que percibimos como mejor, probablemente acabaríamos eligiendo nuestra vida actual en lugar de la imaginada.

La paz de Cristo es accesible para nosotros en el momento presente, no en el pasado ni en el futuro. El momento presente es el lugar de encuentro entre nosotros y la paz de Cristo. La gratitud, la aceptación y la alegría por lo que tenemos nos permiten instalarnos en el momento presente. En este espacio podemos encontrar la paz de Cristo.

La paz de Dios es un don de Dios, parte de su gracia. La paz de Dios es más que un mero sentimiento; se da a quienes desean genuinamente a Dios y una vida en comunión con Él. La paz de Dios proviene de la conciencia continua de Dios, de su presencia, y de la comunión con Él a través de la oración. Es una satisfacción y una alegría tranquilas que provienen de saber que Dios está presente. La paz de Dios no puede coexistir con el miedo o la ansiedad. La gratitud por lo que se nos ha dado nos permite dejar de lado el pasado y el futuro. Esto despeja muchas distracciones y abre un camino más directo entre nosotros y Dios en la oración.

A medida que avanzamos en la resolución y disminución de la presencia de la tristeza, el dolor, el miedo, la ansiedad y la ira, creamos más espacio en nuestro corazón para llenarlo con la paz de Dios. Empezamos a ver que la vida que se nos ha dado puede ser una fuente de alegría y esperanza, a pesar de las experiencias dolorosas que hemos tenido. Ganamos más confianza en nosotros mismos al ver que una persona nueva y más resistente emerge del proceso de sanación. Empezamos a ver el lado bueno de lo que hemos pasado. Nos damos cuenta de que una vida diferente significaría que no seríamos quienes somos hoy. Nos encontramos prefiriendo lo que somos a lo que no somos. Nos encontramos con un corazón agradecido.

La paz de Dios es algo hermoso; está ahí para cada uno de nosotros si la deseamos. Seguramente, al igual que echamos de menos el sonido de un viento suave que sopla entre los árboles durante un día ajetreado, también echamos de menos y damos por sentada la paz de Dios que nos rodea. Está tan cerca de nosotros como una brisa que nos roza la cara. Está tan cerca de nosotros como el momento presente, pero a menudo la buscamos en el pasado y en el futuro. Una vez que dejamos de lado el pasado y nuestro futuro imaginado, el momento presente se convierte en un lugar de oportunidades y nos permite ver lo bueno del presente. Esto inicia la gratitud. La gratitud abre la puerta de nuestro corazón para que entre la paz de Dios.

Creando la tumba vacía en nuestros corazones

El papel de la memoria

ESPERO QUE AHORA ENTENDAMOS QUE hay momentos en los que es necesario recordar, aventurarse en el pasado, con el fin de obtener resolución y cierre para que podamos continuar nuestro ascenso espiritual con menos impedimentos.

¿Recuerda la Iglesia su pasado? Sí, lo hace. La Iglesia es un modelo de cómo recordar el pasado. A lo largo de todo el año, e incluso todos los días, la Iglesia está en constante estado de recuerdo y conmemoración. Recordamos diariamente los grandes acontecimientos que han tenido lugar en la historia entre Dios y el hombre, nuestra historia de salvación. Recordamos a los que pasaron y ahora forman parte de la Iglesia triunfante. Recordamos y conmemoramos a los mártires y los acontecimientos que, aunque trágicos a los ojos del mundo, resultaron ser para la gloria de Dios y de la Iglesia.

El modo en que elegimos recordar determina cómo nos afectará el aniversario o la conmemoración de un acontecimiento. La crucifixión de nuestro Señor fue ciertamente trágica, pero cuando se ve a la luz de la Resurrección, esa tragedia es engullida por la alegría y el triunfo. El martirio y las muertes violentas de los santos parecen terribles y trágicos a simple vista, pero cuando se ven a la luz de su testimonio y su no renuncia a Cristo, y a través de la lente de la seguridad de san Pablo (citada de Isaías) de que: «Cosas que ojo no vio ni oído oyó, que ni han surgido en el corazón del hombre, son las que Dios ha preparado para los que lo aman» (1 Cor. 2, 9), entonces de repente esa tragedia adquiere una nueva luz y un nuevo significado. De crear un gran dolor, desesperación y desánimo, se convierte en algo que nos hace crecer, de lo que obtenemos esperanza, algo que nos impulsa y nos inspira. Esta misma lente o cosmovisión puede aplicarse a las experiencias dolorosas que han ocurrido en nuestras propias vidas.

La Iglesia nos enseña a recordar. No hay que tener miedo a recordar: es el único camino hacia la verdadera sanación. La Iglesia nos enseña a convertir nuestras pérdidas en ganancias, a convertir nuestras cruces en vida nueva. Nos da una nueva lente a través de la cual comprender y ver las tragedias y los acontecimientos dolorosos de nuestra propia vida.

Debemos reconocer que pasar por este proceso es difícil. Es realmente una crucifixión. Cuando recordamos nuestras experiencias dolorosas solo a la luz de este mundo, podemos caer en la desesperación. Sin embargo, Dios nos ha hecho una promesa. Este mundo no es todo lo que hay. El Reino de los cielos, la Nueva Jerusalén, debe colgar como un telón de fondo en nuestras vidas, de modo que cuando nuestras tragedias, recuerdos y pérdidas se coloquen frente a él, se iluminen y se vean bajo una nueva luz, en una nueva perspectiva.

El contexto en el que recordamos a nuestros difuntos, nuestros sufrimientos y nuestras pérdidas tiene enormes ramificaciones sobre el impacto que esos recuerdos tienen en nosotros. Cada pensamiento, cada suspiro, cada reflexión y cada oración deben hacerse con la conciencia de que esta vida presente es nuestro exilio y que nuestra verdadera vida es el Reino de los cielos. A través de las inevitables heridas y decepciones de este mundo, vemos el mundo como lo que es: un lugar caído que no es el Reino de Dios. Empezamos a ver las pérdidas y los acontecimientos dolorosos de nuestra vida como señales que nos alejan de este mundo y nos dirigen hacia el Reino de los cielos.

Debemos seguir trabajando y ocupándonos de nuestra vida en este mundo, pero al igual que los israelitas en el exilio en Babilonia, siempre nos enfrentamos al peligro de acomodarnos demasiado en el exilio, desarrollando expectativas poco realistas de esta vida y olvidando nuestro verdadero hogar. Cuando nos acostumbramos demasiado y nos sentimos cómodos en este mundo y perdemos de vista nuestro verdadero hogar, nuestra lucha y sufrimiento aumentan. Cuando esto ocurre, cuando perdemos el contexto lleno de esperanza de nuestras experiencias y recuerdos, la desesperación se vuelve inevitable.

Un niño suele elegir el mismo cuento para que se lo lean repetidamente. Esto se debe a que sabe cómo va a terminar la historia. No hay sorpresas. Los niños necesitan y anhelan la previsibilidad y la coherencia. Un niño puede incluso hojear las páginas para ver cómo terminará la historia antes de permitir que se reanude la lectura. Saber cómo termina el cuento le da comodidad, una sensación de dominio y una mayor confianza a la hora de enfrentarse a la incertidumbre de la historia a medida que avanza.

¿Somos tan diferentes como adultos? Dios sabe que nuestros miedos provienen de tener que enfrentarnos a situaciones de incertidumbre en las que no estamos seguros de cómo acabará algo. Dios, en su misericordia y amor, nos ha mostrado el final de la historia de nuestra vida en este mundo. Después de que los discípulos experimentaron la muerte de Jesús en la Cruz, debieron sentirse llenos de incertidumbre. Sin duda, se sentían confundidos y se preguntaban qué sería de ellos. Poco después, se encontraron con la tumba vacía. En el momento en que se asomaron a ese espacio que debía contener un cuerpo magullado, pero que ahora estaba vacío, experimentaron toda una serie de epifanías. De repente, todo tenía sentido. Ningún dolor o sufrimiento de este mundo caído tendrá la última palabra. Al final, el amor y la providencia de Dios saldrán victoriosos.

En su encuentro con la tumba vacía, Dios permitió a los discípulos (y a nosotros) ver el final de la historia. Lo hizo para ofrecernos consuelo, disipar nuestros temores y darnos confianza al atravesar las páginas intermedias y la aparente incertidumbre de nuestros días en este mundo. También lo hizo para ayudar a los discípulos a dar sentido y entender el sufrimiento que acababan de presenciar y experimentar. De hecho, en sus pruebas registradas en Hechos de los Apóstoles, los discípulos fueron fortalecidos y se hicieron más confiados como resultado de conocer el final. Ninguna experiencia terrenal puede tener la última palabra debido a la presencia y la promesa del Reino de Dios.

La tumba vacía fue el primer vistazo de los discípulos al final de la historia. Sin embargo, ese final no es más que un nuevo comienzo. Tenemos la oportunidad de pasar por nuestra vida en este mundo con la confianza de un niño que sabe cómo terminará la historia. No importa lo que ocurra durante la historia, el niño no se sentirá abrumado ni se desesperará, porque el alegre final está fijado, y no puede cambiarse. De hecho, conocer el final nos ayuda a tolerar la incertidumbre que inevitablemente encontraremos en nuestro paso por este mundo.

Estamos llamados a mantener una incesante vigilia espiritual en nuestros corazones mientras estamos en este mundo. Se trata de una vigilia silenciosa por el Reino de los cielos, una vigilia que no puede ser observada ni detectada desde el exterior, pero que determina nuestro estado y paz interiores. Esta vigilia requiere un recuerdo y una conciencia incesantes del Reino de los cielos. Se convierte en la lente a través de la cual percibimos y vemos los acontecimientos, tanto buenos como malos, que ocurren en nuestra vida. Aunque estemos en el exilio, debemos aprovechar al máximo nuestro tiempo aquí. Debemos disfrutar de los demás, así como de las actividades y acontecimientos terrenales saludables. No obstante, en silencio, en nuestros corazones, velamos por el Reino de los cielos, sin perder nunca de vista el contexto en el que se desarrollan todos los acontecimientos de nuestra vida.

Sí, debemos esperar, debemos tener esperanza, y habrá días de desánimo. Pero nunca debemos olvidar que esos días de desánimo no pueden cambiar la realidad de que, en el tiempo de Dios, toda nuestra tristeza, tragedia, dolor y pérdida serán consumidos por el amor de Dios. Como se promete en el libro de Apocalipsis: «Y Dios enjugará toda lágrima de los ojos de ellos. No habrá más muerte, ni habrá más llanto, ni clamor, ni dolor; porque las primeras cosas ya pasaron» (21, 4).

Este mundo que se lamenta y que está en tribulación pasará de verdad. Estas tragedias que nos ocurren en este mundo y que nos bombardean a diario terminarán. Como nos dijo el Señor en la Última Cena, al igual que una mujer que ha pasado por un parto ya no recuerda el dolor del proceso de nacimiento, debido a la alegría del nuevo hijo, así nosotros no recordaremos, ni tendrá importancia, nuestro dolor en este mundo, una vez que entremos en la nueva vida del Reino de los cielos. Nuestro recuerdo del dolor que hemos sufrido en esta vida debe mantenerse en la conciencia, el conocimiento y la luz de la promesa de Dios. Si hacemos esto, entonces sí que nuestro recuerdo puede tener poder sanador.

Convertir nuestras cruces en triunfo y victoria

DURANTE LA SEMANA SANTA Y la Pascua, podemos experimentar la transición de los largos y oscuros servicios del Jueves y el Viernes Santo a los brillantes y alegres servicios del Sábado Santo, la Pascua y la Semana de Renovación. Para muchos, después de haber trabajado durante la Cuaresma y la Semana Santa, esta transición a la alegría, la esperanza y el alivio es una ocasión emotiva y un recordatorio de muchas cosas. De hecho, esta transición que la Iglesia nos ha dado para experimentar tiene mucho más significado para nuestras propias vidas de lo que podríamos imaginar. Es un recordatorio de que, al final, Dios siempre triunfa y sale victorioso. Al final todo estará bien; este mundo nunca tendrá la última palabra. Detrás de cada herida hay sanación; detrás de cada lucha está la promesa de Dios de enjugar cada lágrima de nuestros ojos; detrás de cada momento de desesperación hay una esperanza y una alegría que esperan surgir; detrás de cada crucifixión que sufrimos hay una resurrección que espera ocurrir.

Al llegar la Pascua, vemos la cruz estéril donde Jesús sufrió y murió cubierta de flores blancas y hiedra y adornada con una corona floral triunfal. El símbolo del sufrimiento se ha convertido en el nuevo Árbol de la Vida. Un gran regalo y misterio se revela en esta transición para aquellos que están abiertos a recibirlo. Estamos llamados a transformar nuestras propias cruces de lucha y sufrimiento en cruces victoriosas de esperanza, alegría y vida nueva. Jesús ha revelado el camino que hemos de seguir para que se produzca esta transformación. De hecho, todo el trabajo que acabamos de comentar forma parte de la transición desde nuestra propia crucifixión, desde las cruces de nuestras vidas, para salir de este trabajo como una persona nueva, restaurada, más parecida a Cristo y más claramente a imagen de nuestro Señor resucitado.

Todos tenemos, tendremos o hemos tenido cruces que soportar en esta vida. Si respondemos correctamente y abordamos estas cruces de la manera que Cristo nos mostró, también pueden transformarse en la cruz vivificante y triunfante que vemos en la Pascua. Miramos la cruz tan adornada y reflexionamos sobre la lucha que ocurrió en ese lugar; pero ahora es un lugar de paz y un recordatorio de la promesa de Dios. Esto debe ocurrir con nuestras propias cruces.

A medida que se acercaba la hora de que Jesús se dirigiera a Jerusalén, donde sabía lo que le esperaba, su miedo y su inquietud aumentaban. Sin embargo, permaneció obediente al Padre, y no trató de alejarse o evitar lo que le esperaba. Confió y siguió adelante a través de su miedo y ansiedad. Jesús sabía y confiaba en que cualquier sufrimiento que le esperara sería borrado y terminado por la alegría y el poder de lo que vendría después. Incluso cuando oró para que se le apartara la experiencia de la crucifixión, terminó la oración con las palabras: «…no sea como yo quiero, sino *como tú*» (Mt. 26, 39).

Confió, permaneció fiel y obediente, oró y perdonó. No arremetió contra los demás, no culpó, no se amargó, no reprodujo en otros lo que le habían hecho a Él, ni respondió de ninguna manera que causara daño o dolor a los demás. Al hacerlo, completó su trabajo en la cruz habiendo destruido nuestras muertes espirituales, reparado la relación entre Dios y el hombre y restaurado la humanidad caída. Nosotros debemos ir y hacer lo mismo.

Creando la tumba vacía en nuestros corazones

DE HECHO, TODAS LAS CRUCES y lugares de lucha en nuestras propias vidas pueden transformarse en lugares de luz, alegría, reflexión, paz y esperanza, sin importar lo grande que haya sido la pérdida y la lucha. Nuestros corazones pueden convertirse y deben convertirse en un lugar como la tumba vacía, desprovisto de lucha, pero lleno de esperanza, confianza, luz y amor de Dios.

Este es uno de los objetivos de este trabajo de sanación: que nuestros corazones se vuelvan como el espacio de la tumba vacía. Si mantenemos la fe y la paz, seguimos adelante, no cedemos a las tinieblas ni a la ira, perseveramos, oramos, perdonamos, nos negamos a reproducir en los demás lo que nos han hecho, y hacemos todo lo que hizo Jesús mientras viajaba a Jerusalén y moría en la cruz, entonces saldremos victoriosos de todas las luchas de nuestra vida y saldremos como una persona nueva. Así es como el bien triunfa sobre el mal y cómo se transforman nuestras cruces.

Mientras nos mantengamos cerca de Cristo y lo emulemos, nunca podremos ser derrotados por ninguna cruz, lucha o mal. Como dijo nuestro Señor en la Última Cena: «Les he hablado de estas cosas para que en mí tengan paz. En el mundo tendrán aflicción, pero ¡tengan valor; yo he vencido al mundo!» (Juan 16, 33). No hay dolor o pena terrenal que el cielo no pueda sanar. El camino hacia la victoria sobre esta vida, este mundo y todos nuestros dolores, pérdidas y sufrimientos reside en afrontar nuestras cruces, aferrándonos a Cristo con una confianza y una esperanza ciegas en cada momento de nuestras propias crucifixiones, para que salgamos siendo una persona nueva, más claramente a imagen de Dios.

El gozo y la esperanza del amor y la promesa de Dios hacia nosotros serán siempre la última palabra. Cada cruz será un lugar de esperanza y paz. Mediante el trabajo de sanación del que hemos hablado, cada corazón roto puede llegar a ser como el espacio de la tumba vacía: desprovisto de dolor, pena, miedo e ira, y lleno de luz, esperanza y amor.

Bibliografía

Beck, Judith S., y Aaron T. Beck. *Cognitive Therapy: Basics and Beyond*. Nueva York: Guilford Press, 1995.

Dayton, Tian. *Emotional Sobriety: From Relationship Trauma to Resilience and Balance*. Deerfield Beach, FL: Health Communications, Inc., 2007.

Dayton, Tian. *Heartwounds: The Impact of Unresolved Trauma and Grief on Relationships*. Deerfield Beach, FL: Health Communications, Inc., 1997.

Dayton, Tian. *The ACOA Trauma Syndrome: The impact of childhood pain on relationships*. Deerfield Beach, FL: Health Communications, Inc., 2012.

Harris, Cathy. *Shame Expressed as Self-Blame: The Trauma response we all need to understand*. 20th Annual Conference of the Institute on Violence, Abuse, and Trauma. Agosto 2015.

Herman, Judith. *Trauma and Recovery*. Nueva York: Basic Books, 1997.

Levy, Michael. «A helpful way to conceptualize and understand reenactments». *Journal of psychotherapy practice and research*, vol. 7, no. 3, 1998, 227–235.

McGoldrick, Monica. *You Can Go Home Again: Reconnecting with Your Family*. Nueva York: W. W. Norton & Co., 1995.

Schwartz, Richard C. & Martha Sweezy. *Internal Family Systems Therapy*. Nueva York: Guilford Press, 2019.

Van der Kolk, B. A. *The Body Keeps the Score: Brain, Mind, and Body in the Healing of Trauma*. Londres: Penguin Books, 2014.

Van der Kolk, B. A., *Alexander C. McFarlane, and Lars Weisæth. Traumatic Stress: The Effects of Overwhelming Experience on Mind, Body, and Society*. Nueva York: Guilford Press, 1996.

EL PADRE JOSHUA MAKOUL HA sido decano de la Catedral de San Jorge de Pittsburgh desde 2012. Antes de eso, trabajó en el campo de la consejería durante dieciséis años. Esto implicó el trabajo en entornos familiares, escolares y ambulatorios. El padre Joshua recibió dos años de formación en terapia familiar en el Child Guidance Center de Filadelfia, y completó un curso certificado de un año en terapia cognitiva conductual en el Instituto Superior de Medicina Osteopática de Filadelfia.

El padre Joshua recibió su maestría en psicología de consejería del Chestnut Hill College en Filadelfia y su licenciatura en psicología del Moravian College en Bethlehem, Pensilvania. Está licenciado en el estado de Pensilvania en el área de consejería. Para sus estudios teológicos asistió al Seminario de la Santa Cruz en Boston, y recibió el título de Magíster de Divinidad.